AF453107

VOYAGE

DE

S. M. LOUIS-PHILIPPE Iᵉʳ

ROI DES FRANÇAIS.

PARIS. TYPOGRAPHIE DE PLON FRÈRES,
36, RUE DE VAUGIRARD.

VOYAGE

DE

S. M. LOUIS-PHILIPPE Ier

ROI DES FRANÇAIS

Au Château de Windsor

DÉDIÉ

A S. M. VICTORIA

REINE D'ANGLETERRE

PAR

ÉDOUARD PINGRET

PEINTRE, CHEVALIER DE LA LÉGION-D'HONNEUR

PARIS

ÉD. PINGRET, ÉDITEUR, 16, GRANDE-RUE VERTE

CHAILLOU, 11, PLACE DE LA BOURSE | AUBERT ET Cie, PLACE DE LA BOURSE

LONDON

PUBLISHED BY ACKERMANN AND CO., 96, STRAND

31st JANUARY 1846

1846

LA REINE VICTORIA.

Madame,

En retraçant les principaux épisodes de la visite du Roi des Français au château de Windsor, en mettant sous les yeux du public la narration pittoresque de ce mémorable Voyage, je crois concourir autant qu'il est au pouvoir d'un artiste à propager l'effet moral de l'accueil que S. M. Louis-Philippe a reçu en Angleterre.

Si quelque succès doit couronner mes efforts, il est bien naturel que j'offre à votre Majesté la dédicace de mon ouvrage. Personne n'est plus que vous, Madame, à même d'en apprécier le but et l'exécution.

Que votre Majesté daigne agréer l'hommage de mon profond respect et de ma vive reconnaissance.

Edouard Pingret.

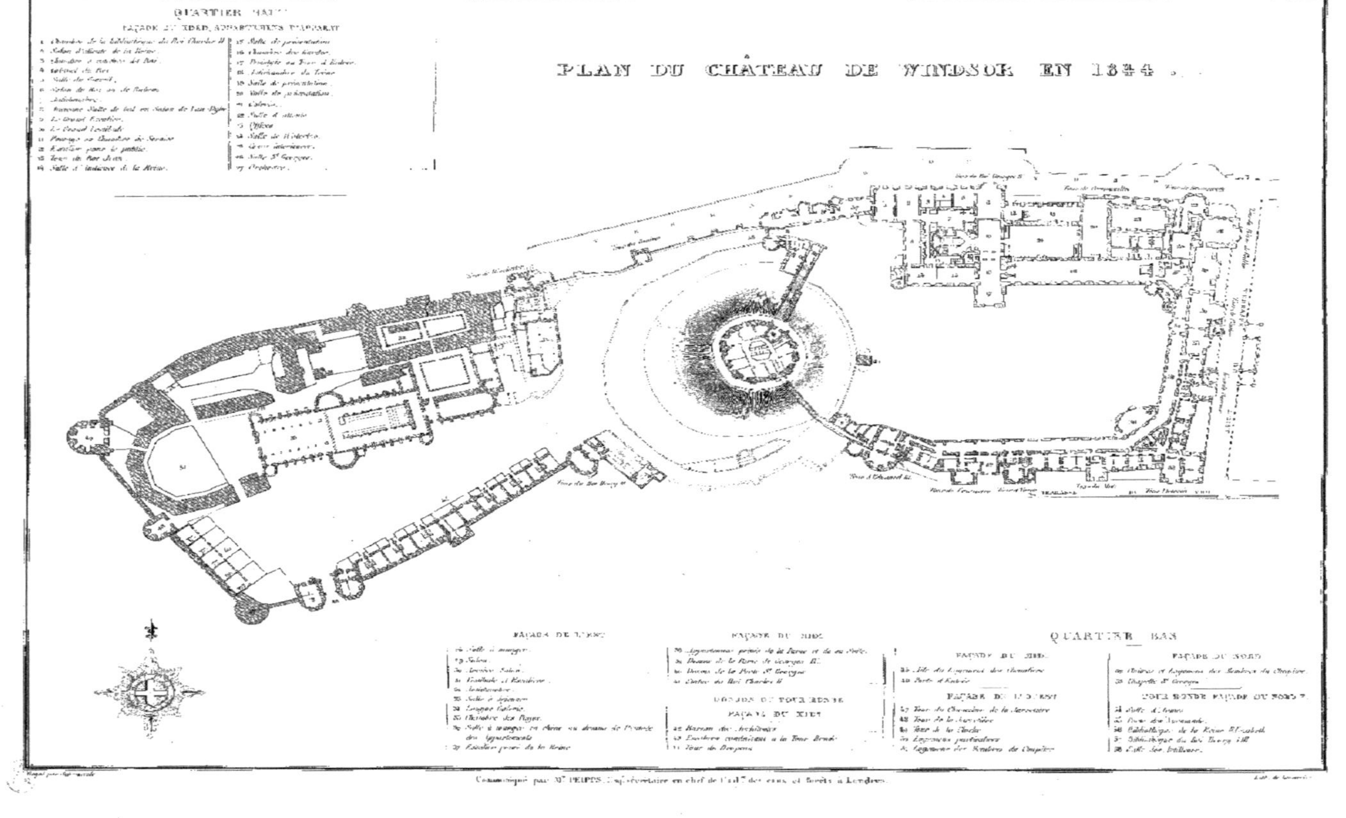

PLAN DU CHÂTEAU DE WINDSOR EN 1844.
QUARTIER HAUT
FAÇADE DU NORD, APPARTEMENS D'APPARAT
15 Salle de présentation
16 Chambre des Gardes
17 Bibliothèque ou Tour d'Édouard
18 Antichambre du Trône
19 Salle du Trône
20 Salle de présentation
21 Galerie
22 Salle d'attente
23 Offices
24 Salle de Waterloo
25 Cour intérieure
26 Salle St Georges
27 Orchestre
FAÇADE DE L'EST
FAÇADE DU SUD
QUARTIER BAS
FAÇADE DU SUD
FAÇADE DU NORD
FAÇADE DE L'OUEST
FAÇADE DU NORD
Communiqué par Mr PHIPPS, inspecteur en chef de l'administration des eaux et forêts à Londres.

AVANT-PROPOS.

Après tant d'années de haines, de rivalités et de guerres sanglantes, la bonne intelligence qui règne aujourd'hui entre la France et l'Angleterre est regardée déjà, et apparaîtra de plus en plus comme le grand fait historique de notre époque. Les causes qui l'ont produite, les circonstances auxquelles elle doit ses développements progressifs, les incidents qui l'ont consolidée deviendront un jour un sujet curieux d'études et de recherches. On se montrera surtout avide de connaître jusqu'aux moindres particularités du voyage du roi à Windsor, comme renfermant autant d'indices significatifs d'une parfaite harmonie entre les deux cours.

Jusqu'en 1844, quelques princes régnants en France avaient foulé le sol de la Grande-Bretagne à différents titres. Guillaume de Normandie l'avait parcouru en conquérant. C'est au contraire comme prisonnier de guerre que le roi Jean fut emmené dans ce pays. Après avoir été chassé de ses états et déchu du trône, Charles X y chercha un refuge; tandis que Louis XVIII, quand il y résida, n'était roi que de nom et n'avait pu ceindre encore la couronne de France.

Louis-Philippe est donc le premier monarque de notre nation qui ait débarqué comme allié sur les côtes d'Angleterre, et qui ait été accueilli par le peuple anglais comme l'hôte des Trois-Royaumes. La réception cordiale dont il a été l'objet à Windsor a eu dans toute l'Europe un immense retentissement; et, bien que son voyage ne fût que l'acquittement d'une dette de politesse, qu'une démarche de courtoise réciprocité, on ne peut se dissimuler qu'il n'ait eu pour résultat de resserrer encore les liens qui unissaient déjà les deux gouvernements.

Mais dans un ouvrage de la nature de celui-ci, où les arts du dessin occupent la première place, nous n'avons point la prétention d'aborder ni d'effleurer même ces hautes questions d'histoire et de politique. La tâche est moins difficile. Simple chroniqueur pittoresque, nous n'avons eu d'autre soin à prendre que celui de rapprocher de la narration des faits le tableau fidèle des lieux où ils se sont passés, et l'esquisse des personnages illustres qui, par leur position, ont pris à ces faits la part la plus active. Par là les dessins et les récits se prêtent un mutuel secours, et chacun, en les consultant tour à tour, peut croire assister aux scènes qui se trouvent alternativement décrites ou représentées.

Comme artiste et comme éditeur, nous pouvons dire que nous n'avons rien négligé pour que notre double travail ne s'éloignât pas de la vérité la plus scrupuleuse. Nous avons nous-même dessiné sur place, et sous l'impression du moment, la plupart des épisodes dont nous avons été témoin oculaire et dont nous avons confié la traduction aux premiers artistes lithographes de Paris.

Quant à la rédaction du texte, il nous eût été facile de choisir parmi les *célébrités littéraires* le plus en vogue. Mais que serait-il advenu de leur concours? n'eût-ce point été substituer des récits plus ou moins pompeux au simple exposé des faits, des louanges tournées avec plus ou moins d'adresse à la naïveté des témoignages d'affection échangés de part et d'autre dans un premier moment d'effusion; enfin l'expression réfléchie de sentiments individuels à l'expression spontanée de l'opinion publique? Nous avons mieux aimé recourir à la collection des journaux des deux pays, et y puiser à pleines mains, parce que leurs comptes-rendus avaient été, comme nos croquis, inspirés par la vue même des événements. C'est là ce qui prête aux ouvrages du genre de celui que nous publions une couleur locale et instantanée, qui impressionne vivement les yeux et les esprits, couleur fugitive que la plume et le crayon sont presque toujours impuissants à retracer lorsque les faits ne sont plus présents.

Toutefois, en rassemblant les morceaux épars des feuilles volantes de la presse périodique, nous ne nous sommes point borné à une compilation sans choix. Nous avons formé de nos emprunts un ensemble complet et approprié à la collection de nos dessins, remplissant les lacunes que les journaux avaient laissées à leur insu, évitant les répétitions où ils étaient tombés malgré eux, rectifiant quelques erreurs échappées à l'obligation de paraître à heure fixe. Sur ces différents points, nos informations ont été puisées aux meilleures sources, soit en Angleterre, soit en France.

Puissent nos efforts être couronnés de succès! Nous nous regarderons comme noblement récompensé de notre zèle, si nous sommes parvenu à produire une œuvre digne du sujet dont elle est destinée à perpétuer le souvenir.

Édouard PINGRET.

DÉPART DE TRÉPORT.

DÉPART DE TRÉPORT.

Lorsque, dans les premiers jours de septembre 1843, la reine Victoria vint au château d'Eu visiter le roi des Français, Louis-Philippe, ce monarque prit à son tour l'engagement d'aller l'année suivante rendre visite à S. M. britannique en Angleterre. Diverses causes retardèrent jusqu'après l'équinoxe d'automne l'accomplissement de cette promesse de courtoisie.

Ce fut seulement le 2 octobre que le roi, accompagné d'une partie de sa famille, quitta sa résidence de Saint-Cloud pour celle du château d'Eu, où vers la fin de l'été S. M. passe tous les ans quelques semaines, et où cette fois elle devait se trouver à portée de s'embarquer au moment le plus favorable pour traverser la Manche.

Dans cette *villa*, aussi remarquable par la beauté du site que par la richesse des souvenirs, le séjour du Roi ne fut inutile ni au bien-être des habitants, ni aux embellissements de ce vaste domaine. Dès son arrivée, S. M. inspecta les travaux qu'elle avait ordonnés l'année précédente, et commanda de nouvelles améliorations pour la campagne qui devait suivre. Là peut-être plus qu'ailleurs, le Roi n'épargne rien pour que les arts ne soient pas sacrifiés à la commodité des distributions, et pour que partout l'utile se trouve joint à l'agréable.

C'est ainsi que, tout en complétant les corps-de-logis du château, afin de rendre le service plus facile, S. M. a tenu à ce que l'ensemble et les détails de l'édifice, qui remonte au temps des Guise, conservassent le caractère architectural du seizième siècle; c'est ainsi qu'en agrandissant son parc jusque sur les bords de la Bresle, elle a fait creuser un canal qui permet aux navires d'un certain tonnage de remonter de Tréport jusqu'aux deux moulins mécaniques établis dans la ville d'Eu, où l'on débite rapidement des bois de construction, et où les grains sont moulus et transformés en biscuits pour la marine.

Le passage du Roi dans cette résidence a été marqué aussi par un acte de gouvernement que la reconnaissance publique n'a point oublié. C'est du château d'Eu, et du jour anniversaire de la naissance de S. M. (6 octobre), qu'est datée l'ordonnance par laquelle la remise du reste de leur peine est accordée à plusieurs condamnés politiques.

Situé à trois ou quatre kilomètres de la mer, abrité des vents d'ouest par de hautes falaises, le château d'Eu domine une vallée riante couverte de frais gazons et plantée de magnifiques ombrages. Les promenades y sont délicieuses et invitent à la méditation. Cet antique manoir est en outre tout peuplé de souvenirs historiques qui embrassent une période de neuf siècles. Ils ont été recueillis et mis en relief par M. Vatout, dans un volume dont la lecture est remplie d'intérêt.

« Ces souvenirs ne se rattachent pas seulement à l'édifice actuel, dit l'auteur des *Résidences royales*, ils comprennent l'héritage du vieux château d'Eu. Les princes de la maison de Normandie en furent les premiers possesseurs. Plus tard il appartint successivement aux Lusignan, aux Brienne, aux d'Artois. Louis XI le donne un jour au comte de Saint-Pol, et bientôt il le restitue à Jean de Bourgogne. Puis il passe aux Clèves, comtes et ducs de Nevers, pour arriver à la famille des Guise. Enfin, après avoir été tour à tour la propriété de mademoiselle de Montpensier, du duc du Maine, de ses fils et du duc de Penthièvre, il échut par héritage à la famille d'Orléans. »

Ces mutations ont précédé la révolution de 1789. Voici celles qui l'ont suivie. Confisqué pendant la terreur, avec tous les autres biens de la maison d'Orléans, le château d'Eu devint sous l'empire le siège d'une sénatorerie, dont le général Rampon était titulaire. Ensuite Napoléon le désigna pour en faire un palais impérial dans l'ancienne province de Normandie. Bref, sous la Restauration il fut restitué à la duchesse douairière d'Orléans, qui le transmit à son fils Louis-Philippe, aujourd'hui Roi des Français.

Personne n'a plus que S. M. présents à la mémoire les divers événements anciens ou modernes dont le château d'Eu a été tour à tour le théâtre. C'est là un sujet inépuisable de rapprochements ingénieux et de citations d'à-propos, qui occupent une partie des loisirs laissés à la cour pendant son éloignement momentané de Paris. Combien les projets du voyage à Windsor que le Roi était à la veille d'effectuer n'ont-ils pas dû éveiller dans son esprit de souvenirs de ce genre, empruntés aux temps où les vieux donjons des princes normands servaient à la fois de défense à la ville d'Eu et à celle de Tréport, dont l'importance maritime paraît avoir été plus réelle à ces époques reculées que de nos jours?

M. le garde des sceaux avait suivi le Roi au château d'Eu, et pendant que S. M. partageait son temps entre quelques affaires de l'administration de la justice et la réception des autorités locales, on pressait avec activité les préparatifs du voyage du Roi en Angleterre.

Déjà l'amiral Lasusse, commandant de l'escadrille destinée à l'escorte de S. M., avait désigné dans un ordre du jour les bâtiments à vapeur dont elle serait composée, et avait fait connaître que le moment du départ était fixé au 7 octobre, six heures et demie du soir. En conséquence, les steamers *le Gomer*, yacht royal de 450 chevaux, *le Caïman*, de 350, *l'Élan*, de 250, et *le Pluton*, de 160, se réunirent dans la rade de Tréport, où ils attendirent sur leurs ancres.

D'un autre côté, les ministres qui devaient accompagner le Roi dans son voyage se rendaient au château. M. l'amiral Mackau, ministre de la marine, y était dès le 5, avec M. le capitaine Pellion, son aide-de-camp. Un accident peu grave, survenu en route à la voiture de M. Guizot, ministre des affaires étrangères, retarda jusqu'au 7 au matin l'arrivée de ce ministre et celle de ses deux secrétaires, MM. Herbet et Hennequin. Les autres personnes qui faisaient aussi partie du voyage étaient parties de Paris en même temps que S. M.; c'étaient MM. Athalin, de Rumigny, Christian Dumas, de Chabannes, aides-de-camp du Roi; M. le colonel Thierry, aide-de-camp de M. le duc de Montpensier; M. Fain, secrétaire du cabinet de S. M.; enfin MM. les docteurs Fouquier et Pasquier, médecin et chirurgien ordinaires du Roi.

Dès la matinée du 7, tout fut en mouvement au château, sur la route et sur la rade de Tréport, afin que rien ne manquât pour l'instant de l'embarquement. Vers neuf heures du matin, *le Pluton* fut détaché de l'escadrille pour prendre les devants et aller annoncer que le Roi débarquerait le lendemain de bonne heure à Portsmouth. Le yacht à voiles *la Reine Marie-Amélie* et le brick *le Favori* eurent mission d'aller attendre à Spithead le passage de S. M. devant cette rade.

À dix heures l'amiral Lasusse quitta *le Gomer* et se rendit au château, à bord du canot amiral, pour prendre les derniers ordres du Roi. À cinq heures il était de retour à Tréport, pour s'assurer de la ponctuelle exécution des préparatifs. Le canot amiral, avec ses avirons dressés, attendait à fleur de l'embarcadère, portant à la poupe la couronne de France dorée et en relief. Près de là était un bateau-poste à vapeur, que l'administration avait mis à la disposition du Roi, mais auquel S. M. préféra le canot amiral.

Les troupes furent échelonnées sur la route, et l'on plaça un bataillon d'infanterie pour former une double haie au moment du passage du Roi. Des lampions et des torches étaient disposés de manière à éclairer le lieu de la scène qui allait se passer à la nuit tombante.

Le temps, qui était couvert depuis plusieurs jours, s'éclaircit vers les onze heures du matin, et se maintint moins sombre jusqu'au soir; la brise, qui avait été fraîche toute la journée, se calma aussi avec le coucher du soleil. Tout semblait promettre une heureuse traversée.

À six heures du soir, au moment de la pleine mer, le Roi monta en voiture dans la cour du château. Il était accompagné de la Reine, de madame Adélaïde et du duc de Montpensier, le seul de ses fils qui devait faire le voyage avec S. M.

M. le ministre des affaires étrangères et M. le ministre de la marine accompagnaient le Roi.

Les aides-de-camp, les officiers d'ordonnance du Roi et des princes, les dames de la Reine et des princesses, le préfet et le général commandant la division étaient dans des voitures de suite.

Le cortége royal est arrivé à Tréport à six heures vingt minutes. LL. MM. y furent accueillies aux acclamations de la foule accourue sur leur passage.

Les voitures se sont arrêtées à l'entrée du port, où M. l'amiral Lasusse attendait S. M.

Le Roi a fait ses adieux à la Reine et à madame Adélaïde; puis il est descendu immédiatement dans le canot amiral, qui portait son pavillon. S. M. y a pris place avec le duc de Montpensier, MM les ministres des affaires étrangères et de la marine et M. le lieutenant-général baron Athalin, son premier aide-de-camp. Une fusée annonça à l'escadrille l'embarquement de S. M., et le canot sortit du port aux cris de *Vive le Roi!* M. l'amiral Lasusse était debout à la barre. Un instant après, l'épaisseur d'une planche séparait seule le Roi des profondeurs de la mer, qu'il avait sous les pieds. Sans y mettre trop d'alarmes, il y avait au moins une demi-lieue à parcourir entre la jetée et *le Gomer*; les dernières lueurs du crépuscule avaient disparu, c'était en vérité une scène qui remuait et qui donnait à rêver, que cette barque dont le moindre flot se faisait un jouet, et qui portait la fortune de la France.

Le paquebot-poste préparé pour S. M. reçut à son bord M. le général de Rumigny, MM. les colonels comte Christian Dumas, le comte de Chabannes, aides-de-camp du Roi; M. le colonel Thierry, aide-de-camp du duc de Montpensier; M. le capitaine Pellion, aide-de-camp de l'amiral Mackau; M. le baron Fain, premier secrétaire du cabinet du Roi; MM. Herbet et Honnequin, secrétaires de M. Guizot; M. Fouquier, premier médecin, et M. Pasquier, premier chirurgien du Roi, ainsi que M. le comte de Grave, officier d'ordonnance, qui accompagnait S. M. à Windsor, pour rapporter à la Reine des dépêches du Roi aussitôt qu'il serait arrivé dans cette résidence.

La Reine et la princesse Adélaïde s'étaient rendues au haut de la jetée du Sud, d'où elles ont salué le canot royal à son passage. Près de ces deux princesses on remarquait madame la duchesse de Marmier, madame la comtesse de Chabannes, M. de Lasalle, M. le comte Dulresme, le capitaine Courtois d'Hurbal, MM. Vatout, Fontaine et de Cailleux. Ce groupe était d'un effet très-pittoresque, parce qu'il se détachait au milieu de l'obscurité par les reflets rougeâtres des torches de résine que portaient douze femmes de pêcheurs revêtues du costume du pays. Toutes les personnes dont il se composait ne semblaient occupées que de la même pensée, et cherchaient à suivre des yeux le petit point noir de l'embarcation qui s'enfonçait dans la nuit. Il y a eu vingt minutes d'anxiété. Enfin *le Gomer* et *le Caïman* se sont subitement couverts de feux, une illumination radieuse et des gerbes de fusées ont resplendi: le Roi était à bord du *Gomer*, dont les vergues chargées de matelots se dessinaient, aux lueurs des feux de Bengale, sur le fond noir du ciel.

Aussitôt les bâtiments de l'escadrille ont appareillé et se sont dirigés vers le nord-ouest.

C'est seulement alors que la Reine s'est retirée. Arrivée au château, S. M. a suivi encore du haut de la terrasse la marche des bâtiments, qui bientôt après ont disparu sous l'horizon.

BATIMENS FRANÇAIS.
1 L'Iéna
2 Le Thétis
3 Le Cassar
4 Le Caïman
5 La Reine Amélie
BATIMENS ANGLAIS.
6 Royal Yachts
7 The Kestral of the Lord Yarborough
8 Experimental Brigs
9 The Yacht of the Lord of Wilton
10 East India Company Ship
11 The Queen
12 The St Vincent
13 Isle of Wight
GOSPORT
PORTSMOUTH
SPITHEAD
Ste Hélen
RADE DEVANT PORTSMOUTH

ARRIVÉE DEVANT PORTSMOUTH.

La brise était légère et le vent favorable; l'escadrille filait de huit à dix nœuds à l'heure. À minuit tout dormait à bord du yacht royal, et le roi et sa suite; l'équipage seul veillait. Partout le silence. On n'entendait d'autre bruit que le murmure des vagues qui se brisaient contre le navire, et le battement régulier du piston qui faisait fonctionner les aubes des roues. De temps en temps les amiraux Mackau et Lasusse montaient sur le pont pour s'entretenir avec l'officier de quart sur les progrès de la traversée. *Le Gomer* avait pris les devants. Dans sa grande hune brillait le fanal royal, et l'on avait en outre allumé un autre feu en haut de son mât de misaine. Un peu en arrière on distinguait les feux de *l'Élan*, et plus loin encore ceux du *Caïman*, dont la marche moins rapide obligea plusieurs fois *le Gomer* à ralentir l'action de ses puissantes machines.

Le 8 à six heures du matin, par un temps dégagé de brumes, l'escadre royale signalait les côtes d'Angleterre.

À Portsmouth, dès la veille, les dispositions avaient été prises pour célébrer l'arrivée du Roi par une fête maritime : une flottille formée des bricks d'évolution (experimental brigs) et la plupart des bâtiments disponibles dans le port et dans la rade devaient s'avancer à plusieurs milles en mer, dans la direction des côtes de France, pour annoncer par des salves d'artillerie l'approche des vapeurs français, et pour leur servir ensuite de cortége. C'était une espèce de ligne télégraphique où les détonations devaient tenir lieu de signaux.

En conséquence, le 7 au soir, les bricks *the Daring*, de 12 canons, capitaine Matson; *the Mutine*, de 12, capitaine Crawford; *the Waterwitch*, de 10, capitaine Birch; *the Cruizer*, de 16, capitaine Fanshaw; *the Flying-Fish*, de 12, capitaine Harris; *the Espiegle*, de 12, capitaine Thompson; *the Osprey*, de 12, capitaine Patten, et *the Pantaloon*, de 10, capitaine Wilson, mirent à la voile pour aller s'échelonner, comme il avait été convenu, avec ordre de tirer chacun un salut à l'apparition de l'escadre royale de France, et après cela de se mettre à sa suite. D'autres bâtiments de diverses grandeurs les avaient accompagnés. Il en était resté néanmoins un certain nombre dans la rade de Portsmouth et dans celle de Spithead, particulièrement les vaisseaux de haut bord, *the Queen*, de 110 canons, capitaine Martin, et *the Saint-Vincent*, de 120, capitaine Rowley, portant les couleurs de l'amiral sir Charles Rowley, commandant en chef du *Dock Yard*. Plusieurs yachts décorés avec plus ou moins de luxe et faisant partie de l'escadre du club des yachts avaient pris part au mouvement, en sorte que l'ensemble de tous ces navires composait une flotte nombreuse dont les dernières voiles se perdaient à l'horizon, et qui n'attendait pour agir que la vue du premier bâtiment appartenant à l'escadrille du Roi.

L'objet que *le Gomer* reconnut d'abord très-distinctement sur la côte du Hampshire fut le fort Cumberland, au haut duquel flottait le pavillon royal d'Angleterre. Bientôt l'escadrille se trouvant à la hauteur de Sainte-Helen's (côtes de l'île de Wight), *le Gomer* découvrit en plein la rade, le port et la ville de Portsmouth, où une multitude de navires demeurés au mouillage présentaient, avec les édifices de la ville et les fortifications de l'entrée du port, le contraste le plus pittoresque.

À l'approche de nos bâtiments à vapeur, les bricks dont on vient de parler se pavoisèrent des plus riches couleurs, hissèrent le pavillon tricolore et exécutèrent successivement leur salut. Tous les matelots étaient à leur poste et faisaient retentir l'air de leurs hourras.

Quelques moments auparavant, un des petits bâtiments à vapeur destinés au service du port avait conduit un pilote à bord du *Gomer*, afin de lui servir de guide jusqu'à l'endroit où ce steamer devait aller prendre son mouillage. Lorsque l'escadrille passa devant Spithead, rade qui se confond avec celle de Portsmouth, les vaisseaux à trois ponts *the Queen* et *the Saint-Vincent*, portant pavillon de l'amiral commandant en chef, avaient pavoisé leurs mâts et leurs cordages; puis, au moment du salut royal, le pavillon du commandant en chef fut amené et remplacé par l'étendard de France sur *the Saint-Vincent*, tandis que sur *the Queen* le pavillon de l'amiral fut hissé au grand mât, et le pavillon tricolore au mât d'artimon. Les vergues étaient couvertes de marins qui agitaient leurs chapeaux. Au salut royal de ces vaisseaux de haut bord, *le Gomer* excepté, les bâtiments à vapeur de notre escadre répondirent par des salves de leur artillerie. Le yacht de lord Yarborough, *the Kestrel*, et plusieurs autres yachts dont le nom nous échappe, vinrent aussi saluer le Roi, et l'on rendit le salut à chacun de ces bâtiments.

Pendant que *le Gomer* se dirigeait vers le port, l'attention du Roi fut attirée par la vue du château *de South-Sea*, qui est situé sur la côte à un mille environ de Portsmouth, et dont S. M. reconnut la position pour l'avoir visité autrefois. Un peu plus loin, lorsqu'on approcha du bastion du Roi, une batterie de quarante-deux pièces de canon tira plusieurs salves d'artillerie, et tous les autres forts suivirent cet exemple.

Tandis que le Roi était en rade l'objet de cet accueil, on faisait dans Gosport, Portsmouth et Portsea, trois villes qui entourent le port, les préparatifs de sa réception. Dès six heures du matin le canon avait retenti dans la plus ancienne de ces trois cités et en avait réveillé les habitants, qui se méprirent sur la vraie cause de cet avertissement. Il s'agissait seulement de saluer l'arrivée des lords de l'amirauté et de l'ambassadeur de France, qui étaient entrés la veille à Portsmouth, après le coucher du soleil. Mais une fois ce signal donné, chacun sortit de chez soi, on courut aux informations; les rues et les places publiques se remplirent de monde. La foule se porta vers le port et les jetées pour tâcher de découvrir au loin l'escadrille française. Le faîte des édifices publics et des maisons particulières était couronné d'une multitude de curieux. Aux flots de la population se joignaient les nombreux mouvements des troupes qui se rendaient dans toutes les directions vers les points qu'elles devaient occuper. Enfin le son des cloches et les fanfares de la musique militaire venaient augmenter encore le bruit de l'agitation générale. Sur tous les points d'où l'on pouvait apercevoir la rade la foule était compacte.

Lorsque le canon de la plate-forme annonça que le pavillon français était hélé du haut de la vigie, le port et la rade se couvrirent d'une infinité de petites embarcations montées par des personnes de tous les âges et de tous les rangs. Le nombre de ces barques était prodigieux.

C'est au milieu de ce mouvement, c'est accompagné de ce grand et superbe fracas que *le Gomer* s'est avancé majestueusement près de la jetée Victoria, en ayant soin de ralentir sa marche, de peur de couler bas quelques-unes des barques dont il était entouré.

Aussitôt qu'il se fut approché, des yoles de l'amirauté portant lord Haddington et sir Georges Corkburn, d'autres bâtiments légers portant les amiraux Bowley et Parker, sir H. Packenham et le capitaine Fitz Clarence; enfin des canots ayant à bord M. le comte de Saint-Aulaire, ambassadeur de France à Londres; M. le comte de Jarnac, premier secrétaire de l'ambassade française; M. le comte Louis de Noailles, second secrétaire; M. le baron de Talleyrand et M. le comte Gustave de La Grange, tous trois attachés à l'ambassade; M. de Rabaudy, chancelier; M. Durand de Saint-André, consul général de France en Angleterre; M. Lainé, consul de France à Liverpool; M. Deserre, consul de France à Édimbourg; M. de Dillon, consul de France à Newcastle, et M. Gautier, vice-consul de France à Londres, abordèrent successivement *le Gomer*, et vinrent présenter leurs hommages au Roi, qui les reçut avec une grande affabilité.

Le Gomer portait à l'artimon le pavillon anglais (*Union Jack*), au grand mât le pavillon royal avec les initiales L.-P. Ier, encadrées dans une couronne, et au mât de misaine le pavillon tricolore sans monogramme.

La plupart de ces bâtiments s'étaient formés en ligne allongée pour traverser la passe qui conduit dans le port, et ils présentaient avec l'escadrille française une marche véritablement triomphale.

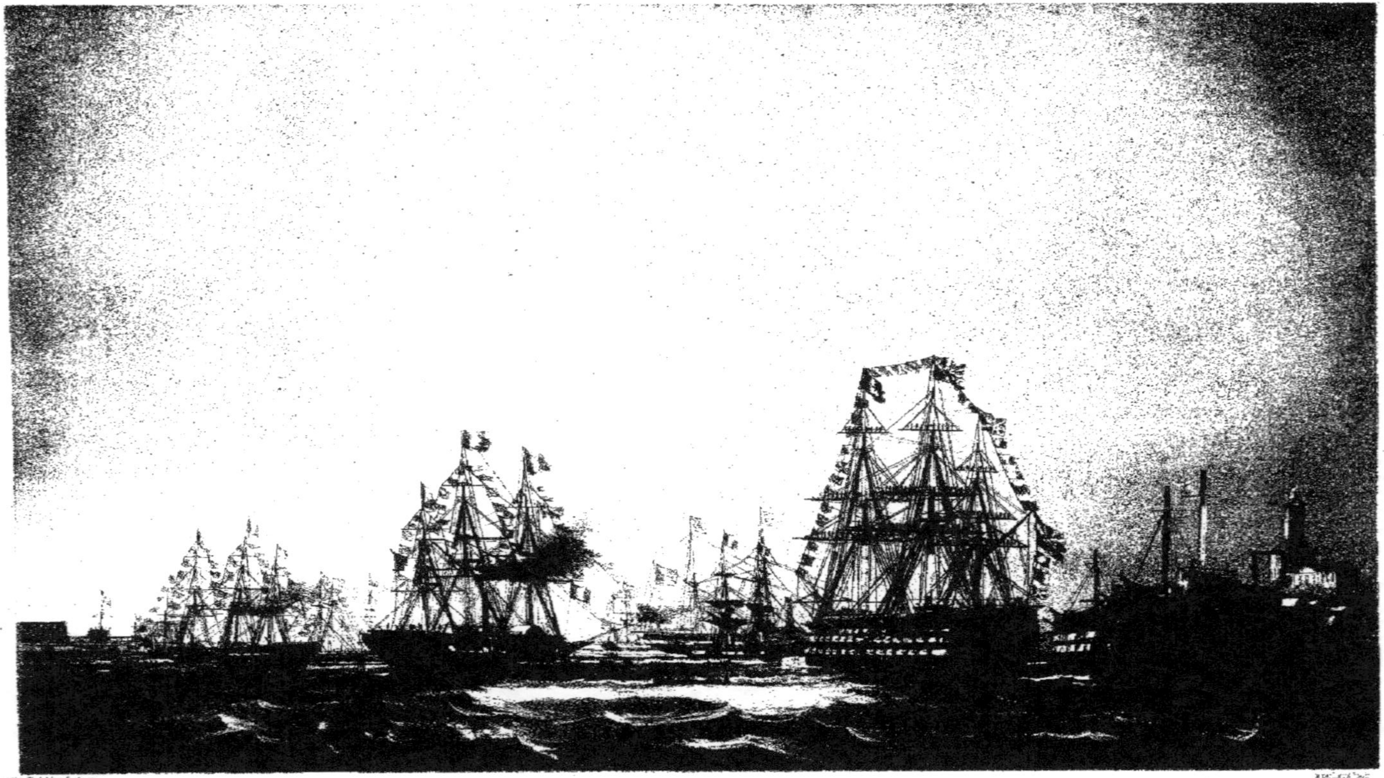

[illegible] DANS LE PORT DE PORTSMOUTH

LE GOMER

DANS LE PORT DE PORTSMOUTH.

Tandis que *le Gomer* longeait la jetée Victoria, un nouveau salut royal fut tiré par les batteries du fort et des vaisseaux *the Victory* et *the Excellent*, qui étaient mouillés près de là; des acclamations enthousiastes partirent en même temps du sein des embarcations.

A ce moment la corporation municipale de Portsmouth, qui était réunie sur la jetée Victoria, prête à monter dans des embarcations, fit demander la permission d'être présentée au Roi. Déjà vers six heures du matin, M. Louis Vanderburg jeune, consul de France à Portsmouth, avait mis en mer avec un bateau à vapeur pour aller au-devant du Roi, et lui annoncer que la corporation désirait lui présenter son adresse à bord du *Gomer*, et non après son débarquement, attendu que la juridiction du maire de Portsmouth ne s'étend point jusqu'au magasin des vivres de la marine (*the Clarence victualling yard*), où S. M. devait descendre, et qui se trouve dans la circonscription de Gosport. Il était accompagné de M. le comte d'Harcourt, commandant du yacht à voiles *la Reine Marie-Amélie*, envoyé d'avance sur la rade de Spithead.

Dès la veille la corporation municipale de Portsmouth s'était réunie en assemblée où l'on avait donné lecture de la lettre suivante du comte de Sainte-Aulaire, ambassadeur de France, au comte d'Aberdeen, ministre des affaires étrangères, en réponse à la demande faite par le maire et la corporation de Portsmouth à S. M. Louis-Philippe, de recevoir une adresse des loyaux habitants de cette antique cité :

« Mylord,

» Je m'empresse d'annoncer à Votre Excellence que la lettre qui a été écrite à mon ambassade par M. le maire de Portsmouth pour exprimer le désir des autorités municipales de présenter une adresse de félicitation au Roi à son arrivée en Angleterre, a été mise sous les yeux de S. M. Je suis chargé de faire connaître à M. le maire de Portsmouth que le Roi recevra avec grand plaisir cette adresse, et je serais fort obligé à Votre Excellence de vouloir bien communiquer à ce fonctionnaire les termes dans lesquels S. M. exprime son agrément.

» Quelque courts que seront peut-être, dit le Roi dans sa lettre, les instants qui s'écouleront entre mon débarquement et » mon départ pour Windsor, j'apprécie trop la demande du corps municipal de Portsmouth pour ne pas lui conserver le » temps nécessaire, et je recevrai son adresse avec le plus grand plaisir. »

Le conseil réuni exprima toute la reconnaissance que lui inspirait cette lettre, et, séance tenante, il rédigea une adresse pour la présenter le lendemain à bord du yacht royal, lors de son entrée dans le port.

En conséquence on laissa approcher les barques qui portaient les membres de la corporation; ils montèrent à bord du *Gomer*, et on les introduisit aussitôt dans le salon du Roi, qui ne devait paraître publiquement sur le pont qu'à l'arrivée du prince Albert.

Le maire, les aldermen et les *town councillors* (conseillers municipaux) étant en présence de S. M., le recorder, ou greffier, s'est avancé de quelques pas et a lu l'adresse suivante :

« Nous, maire, aldermen et bourgeois de la ville de Portsmouth, sujets loyaux et affectionnés de notre très-gracieuse souveraine la Reine Victoria, désireux d'exprimer les sentiments dont nous sommes animés à l'heureuse occasion de la visite de Votre Majesté en Angleterre, et profitant de l'opportunité que nous offre l'arrivée de Votre Majesté dans les limites du port et du bourg de Portsmouth, nous demandons la permission d'offrir à Votre Majesté, avec un sincère empressement, les respects et les félicitations de cette ancienne municipalité.

» Regardant l'arrivée de Votre Majesté comme un honneur pour notre ville, nous la saluons plus particulièrement comme un événement national de la plus haute importance, de nature à augmenter les bienveillants sentiments de respect réciproque qui devraient toujours exister entre deux pays aussi puissants et aussi influents que la France et la Grande-Bretagne.

» Jaloux d'accueillir l'illustre hôte de notre bien-aimée Reine avec toutes les démonstrations qui conviennent à une occasion aussi grande et aussi mémorable, qu'il nous soit permis d'assurer Votre Majesté du vif intérêt que nous prenons à sa santé et à son bonheur, comme à la célébration joyeuse de sa royale visite.

» Nous nous réjouissons de la nouvelle ère que Votre Majesté est faite pour ouvrir dans l'histoire des deux pays, et de l'espoir qu'elle donne de l'établissement entre eux de relations plus étendues et plus générales, qui, avec la bénédiction de la divine Providence, contribueront à leur bien-être mutuel, à la conservation de la paix de l'Europe et à l'avantage de toutes les parties habitables du globe. »

Le Roi a aussitôt improvisé en anglais la réponse la plus gracieuse. On sait que S. M. s'exprime dans cette langue avec une rare facilité, une propriété de termes irréprochable et l'accent le plus pur. Voici cette réponse, recueillie par des sténographes :

« Mr. Mayor, Aldermen, and Burgesses,—

» Gentlemen,—It affords me particular pleasure to know that her Most Gracious Majesty your Queen has permitted you to present me with an address on my arrival on your hospitable shores. I have not forgotten the many kindnesses I received from your countrymen during my residence among you many years since. During that period I was frequently pained considerably at the existence of differences and feuds between our countries. I assure you, gentlemen, I shall endeavour at all times to prevent a repetition of those feelings and conduct, believing, as I do, most sincerely, that the happiness and prosperity of a nation depend quite as much on the peace of those nations by which she is surrounded on quiet within her own dominions.

» I was peculiarly gratified at being honoured with the presence of your beloved Queen in France during the last year, and it is a source of pleasure to be able to accept the kind invitation then given me to again visit those shores where I had been so generously treated many year since.

» I hope, under the blessings of Divine Providence, that those kindly feelings will be long cherished between our nations, and tend to promote the happiness and prosperity of mankind. »

Cette allocution peut être traduite en ces termes :

« Monsieur le maire, messieurs les aldermen et bourgeois,

» C'est avec une vive et sincère satisfaction que j'ai entendu la lecture de l'adresse que S. M. la Reine Victoria vous a permis » de me présenter. Après avoir, en d'autres temps, trouvé un refuge et l'hospitalité sur votre sol généreux, je suis » heureux d'avoir aujourd'hui une occasion d'exprimer tous les sentiments de mon cœur. L'année dernière, S. M. la Reine » m'a gracieusement fait une visite qui a été pour moi une bien grande preuve d'amitié. Cet acte de courtoisie a, j'en

» suis sûr, beaucoup contribué à fortifier l'amitié qui subsiste entre les deux pays, et qui existe dans le cœur des deux
» souverains.

  » Mon désir a toujours été d'entretenir une bonne et sincère intelligence entre mon pays et le vôtre. Quand je recevais au-
» trefois votre hospitalité, je déplorais la guerre que se faisaient malheureusement les deux nations, et toujours mon intention
» a été de cultiver de bonnes relations entre nos deux pays. Naturellement je sentais que mon premier intérêt, mon
» premier devoir était pour ma patrie, mais je désirais profondément que nos deux pays fussent en paix l'un avec l'autre.
» Je pensais et je pense encore que le plus grand intérêt des deux nations, comme celui du genre humain, est la paix; que
» sans la paix il ne peut y avoir de prospérité véritable, pas plus pour nous que pour nos voisins; qu'il ne devrait point
» exister de jalousies nationales, et que, si elles ne peuvent être entièrement détruites, nous devrions du moins toujours
» travailler à y mettre un terme.

  » Tel a toujours été mon but; et je regarde aujourd'hui comme une bonne fortune de pouvoir visiter de nouveau vos rivages,
» et exprimer à S. M. la Reine et mon affection sincère et ma gratitude pour toutes les marques d'amitié qu'elle m'a données.
» Je suis heureux aussi d'avoir cette occasion de vous exprimer combien je suis charmé de cette adresse et de la bonne
» réception qui m'est faite en Angleterre; l'impression ne s'en effacera jamais de mon cœur.

  » Puissions-nous, messieurs, vivre long-temps, pour jouir des bienfaits de la paix. La cultiver et la maintenir, tel est mon
» désir, tel est le but de mes efforts, et, vous pouvez en être sûrs, je serai dans cette œuvre chaudement secondé par mon
» pays lui-même. »

Pendant ce discours le Roi paraissait vivement ému, surtout lorsqu'il prononça le passage qui a rapport au maintien de la
paix entre les deux pays.

Ensuite S. M. conversa quelques instants avec le greffier et quelques autres membres de la corporation; M. Guizot, qui
s'exprime aussi en anglais avec facilité, et plusieurs personnes de la suite en firent autant. Parmi les petits incidents qui
marquèrent cette réception, on en cite un ou deux qui excitèrent autant de bonne humeur qu'ils montraient de bonhomie.
Évidemment le Roi avait le désir de mettre à leur aise les membres de la corporation. Le greffier était d'une haute taille, et
paraissait encore plus grand à cause de la dimension de sa coiffure officielle, de manière que de temps en temps sa tête touchait
aux poutres du plafond. Le Roi s'en aperçut, et lui dit en souriant : « Pour la hauteur de l'entrepont, nous n'avions point fait
» entrer votre perruque en ligne de compte. »

L'alderman Ellyet sollicita l'honneur d'une poignée de main de S. M., sur quoi le Roi répondit : « J'aimerais à savoir vos
» noms à tous et à serrer la main à chacun de vous, » ce qu'il fit en effet. Mais dans leur empressement plusieurs de ces personnages ayant éprouvé quelque difficulté à ôter leur gant de la main droite : « Oh! n'importe, leur dit S. M., gardez vos
» gants, messieurs, la poignée de main n'en sera pas moins cordiale. »

La corporation se retira charmée en tous points de la réception que lui avait faite le Roi, qui ne négligea rien pour se
rendre agréable.

Dans le cours de la conversation, S. M. fit diverses allusions à sa première visite à Portsmouth, quoique bien des années se
fussent écoulées depuis ce temps. Il se rappela entre autres Sally-Port, devenu célèbre depuis l'apparition des romans de
Marryat, et l'hôtel Lafontaine, où il avait demeuré autrefois avec sa sœur, madame Adélaïde. Il ajouta qu'il n'avait point
oublié non plus l'emplacement de *Dock Yard*, quoiqu'il s'appelât alors *Naval College*. Le Roi se ressouvint aussi du château de
South-Sea, où l'on se rend de Portsmouth par une belle promenade.

Quand le greffier demanda à S. M. de faire à la corporation la faveur de lui donner une copie de sa réponse à l'adresse,
S. M. répliqua : « Je n'en ai point, mes paroles partent du cœur. »

Lorsque la corporation se retira, le *Gomer* était au mouillage dans l'intérieur du port, dont l'entrée est rétrécie par deux
môles fortifiés. Sa marche avait été lente à cause du nombre toujours croissant de barques dont la mer était couverte, et du
sein desquelles partaient presque sans interruption des acclamations nouvelles. Les bâtiments qui étaient à l'ancre sur le

passage du Roi avaient constamment aussi renouvelé leur salut par des coups de canon multipliés. C'est ainsi que *le Gomer* avait franchi la passe, pour aller s'amarrer à la place qui lui était réservée. Il était près de dix heures lorsqu'on termina la manœuvre, qu'on paraissait avoir prolongée à dessein, parce qu'on attendait l'arrivée du prince Albert.

Il faut avoir été témoin de l'arrivée de l'escadrille française sur la rade de Portsmouth, pour se faire une idée du spectacle imposant que présentait cette grande scène maritime : ni les descriptions les plus étendues ni les dessins les plus exacts ne sauraient rendre les effets magiques de cette forêt mobile de mâts peuplés de matelots et couronnés des pavillons les plus éclatants ; forêt dont les intervalles étaient remplis d'une multitude d'embarcations de toutes grandeurs et de toutes formes, et qui s'étendait à perte de vue dans l'espace. L'aspect en variait à l'infini, suivant les jeux de la lumière, l'agitation des vagues et la densité des tourbillons de fumée que lançaient à chaque instant d'innombrables bouches à feu.

DÉBARQUEMENT A GOSPORT.

DÉBARQUEMENT A GOSPORT.

Le bassin du port où *le Gomer* venait de jeter l'ancre est très-vaste, et ses quais sont garnis d'édifices et de magasins principalement destinés au service de la marine militaire. A droite en entrant, se déploient les villes de Portsmouth et de Portsea, qui n'en forment plus qu'une seule, quoiqu'elles aient chacune encore leur enceinte séparée, leurs juridictions particulières et leurs priviléges différents. Portsmouth est une plus ancienne cité que Portsea, mais celle-ci est plus grande et plus populeuse que son aînée.

A gauche, du côté où *le Gomer* était mouillé, s'élève Gosport, ville moins considérable que les deux autres, mais destinée à s'agrandir de jour en jour, à cause de son embranchement sur le *South Western rail-way*, chemin de fer de Londres à Southampton.

Quelques minutes après dix heures et demie, il fut aisé de reconnaître, au déploiement du drapeau royal sur quelques monuments publics et aux salves répétées de l'artillerie, la présence de quelques nouveaux personnages de distinction. C'étaient le prince Albert et le duc de Wellington qui venaient d'arriver de la station du chemin de fer, et qui étaient reçus sur le rivage de Gosport par un nombreux et brillant état-major de terre et de mer. Bientôt on put signaler au milieu de plusieurs embarcations nouvelles une barque où flottait le pavillon de la Reine, et qui se dirigeait à toutes rames vers *le Gomer*. Elle avait à bord le prince et le duc. On prépara tout pour les recevoir sur le yacht du Roi. Les artilleurs formèrent une double haie sur le pont; puis le Roi, qui s'était tenu jusque-là dans sa cabine, se rendit également sur le pont, accompagné du duc de Montpensier et suivi de M. Guizot, de M. l'amiral Mackau et de plusieurs officiers généraux. S. M. s'avança vers le prince Albert; non-seulement il lui serra la main avec affection, mais il l'embrassa suivant l'usage français. Le prince rendit au Roi les marques d'amitié qu'il en recevait, mais sans s'écarter des habitudes anglaises. Il portait un habit de ville et un chapeau gris entouré d'un crêpe, la cour d'Angleterre étant alors en deuil.

Quant au duc de Wellington, il était en grand uniforme de feld-maréchal. Le Roi se retourna vers lui, et, lui saisissant la main dans les deux siennes, il la lui serra cordialement. En même temps S. M. lui adressait les paroles les plus flatteuses sans doute : on en pouvait au moins juger ainsi par l'attitude du duc, qui s'inclina à diverses reprises. Pendant ces compliments réciproques, le Roi, le prince Albert et le duc de Wellington restèrent tête nue.

A l'arrivée du prince Albert à bord du *Gomer*, ce beau bâtiment s'était paré de ses plus riches couleurs. Les matelots français exécutèrent lestement diverses manœuvres, et la musique de l'artillerie joua tour à tour les airs de *God save the Queen* et de la *Parisienne*. Les autres bâtiments de l'escadrille française firent retentir l'air de plusieurs salves d'artillerie.

A onze heures et quart le pavillon français flottait en tête du canot qui avait amené le prince Albert. Il était conduit par quatorze rameurs de l'Amirauté, et le drapeau de la Reine se déployait au gouvernail. Le prince Albert était assis au fond du canot, entre le Roi et le duc de Montpensier; le duc de Wellington, lord Haddington, se tenaient sur les côtés. Le Roi portait l'uniforme de lieutenant-général, avec le grand cordon de la Légion-d'Honneur; le duc de Montpensier était en uniforme d'officier d'artillerie.

Pendant tout le trajet, des hourras assourdissants ont accueilli S. M., qui y répondait par des saluts affectueux, en tenant de temps à autre son chapeau des deux mains. La noblesse et la franchise de ces salutations produisaient sur la foule un effet extraordinaire. Au surplus, le Roi paraissait non moins vivement impressionné que les innombrables spectateurs de cette scène.

Presque en face de *Royal-Clarence yard*, grands bâtiments en brique qui, comme on l'a dit déjà, servent de magasin pour les vivres de la marine, et de chaque côté du débarcadère, escalier en bois par où l'on arrive sur la grève de Gosport, on avait tendu les parois du quai avec des pavillons de diverses couleurs. Lorsque le canot aborda près de cet endroit, le Roi voulut faire passer le prince devant lui, mais S. A. R. s'y refusa, et alors ils montèrent ensemble les degrés, se tenant par le bras; ils furent suivis du duc de Montpensier, du duc de Wellington et de lord Haddington. Il n'y avait là que quelques officiers pour les recevoir: la plupart des fonctionnaires, s'étant embarqués pour aller au-devant du Roi, se trouvaient encore sur mer. La troupe seulement avait tenu la foule à l'écart, pour laisser le passage libre.

Peu de temps après être descendu à terre, le Roi, le prince Albert et le duc de Montpensier montèrent dans une voiture qui les attendait, et qui les conduisit rapidement au *terminus* du *rail-way*, où un train spécial était préparé pour le voyage de l'auguste visiteur.

Dès qu'on sut que le Roi avait quitté Gosport, la curiosité publique, qui avait été absorbée par l'arrivée de S. M., se reporta sur *le Gomer*. Ce beau vaisseau à vapeur attira l'attention de tous les officiers de marine et de la plupart des habitants, qui se connaissent en construction navale. On en admira la grandeur et les belles proportions. Des centaines de barques s'en approchèrent pour mieux jouir de la vue de son gréement; mais on ne fut admis à le visiter que **le lendemain**. Ce fut alors un pèlerinage continuel, et chacun trouvait que l'intérieur de ce bâtiment était non moins commode et non moins élégant que l'extérieur l'avait fait supposer. Les journaux anglais en firent les plus pompeuses descriptions et ne tarirent point en éloges sur la réunion des excellentes qualités qui distinguent *le Gomer*. On verra, vers la fin de ce recueil, qu'un auguste suffrage est venu se joindre à l'approbation unanime de la marine anglaise.

ARRIVÉE DU ROI A WINDSOR.

ARRIVÉE DU ROI A WINDSOR.

La distance entre le lieu de débarquement et le *terminus* du chemin de fer est peu considérable. La rue qui y conduit était bordée d'une double haie de soldats d'infanterie, qui portèrent les armes au passage du Roi. Dans les maisons, comme à Portsmouth et à Portsea, pas une fenêtre n'était inoccupée, et la foule se pressait jusque sur les combles. L'entrée de l'embarcadère avait été décorée d'un arc de triomphe en feuillages, avec des transparents sur lesquels on lisait d'un côté les noms de Louis-Philippe, de Victoria et d'Albert, et de l'autre ce souhait qui était pleinement exaucé : « Wellcome to the King of the French ! » *Que le Roi des Français soit le bienvenu!* D'immenses drapeaux aux couleurs de France et d'Angleterre étaient groupés d'une manière pittoresque autour et au-dessus de cette décoration.

Un convoi spécial était prêt à partir aussitôt que le Roi et sa suite seraient arrivés. Au milieu du train on avait placé le *carrosse de la Reine* (royal carriage), dont on donnera une description plus loin, et que, par une attention délicate, S. M. B. avait mis à la disposition du Roi. Personne, pour voyager, n'était encore monté dans cette magnifique voiture, présent offert à la Reine par la compagnie du *South Western rail-way*. Le Roi y prit place avec le prince Albert et le duc de Montpensier. Les autres personnes du voyage montèrent dans les diverses voitures du convoi.

On avait élevé à Farnborough un élégant pavillon pour la circonstance. C'est là qu'attendaient le comte de Jersey, grand écuyer de la Reine, et plusieurs hauts dignitaires de sa maison. Ils firent les honneurs à S. M. avec beaucoup de grâce. On ne prit qu'un instant de repos; après quoi l'on se remit en route dans les voitures de la cour, qui avaient été envoyées au-devant du Roi. Il ne restait plus que vingt-six milles à franchir sur une route excellente, pour arriver au château de Windsor, où la Reine était venue faire sa résidence pour recevoir le Roi. Cette distance fut parcourue en trois relais au grand trot, et à deux heures moins un quart le cortège était arrivé devant le château.

Quelques mots sur le château de Windsor : on fait remonter la construction de Windsor à Guillaume-le-Conquérant; mais le plan a subi sous Édouard III bien des métamorphoses. Il ne reste tout au plus de l'édifice primitif qu'une ou deux tours, qui sont du côté de la face occidentale. Quoi qu'il en soit, ce château conserve, dans son ensemble et dans la plupart de ses détails à l'extérieur, l'aspect d'un manoir du moyen âge. Placé au faîte d'un charmant coteau, il domine la ville de Windsor, qui se déploie sur les bords de la Tamise, à environ vingt-deux milles de Londres. Le choix de sa position indique qu'il pouvait servir autrefois à commander la vallée et la rivière.

Ses bâtiments se composent de plusieurs tours, carrées pour la plupart, et reliées entre elles par des corps-de-logis moins élevés. Le développement de leur périmètre est de 4,180 pieds anglais, environ 1,200 mètres, savoir : 1,480 pieds anglais de long de l'est à l'ouest, et 1,110 du nord au midi. Un fossé et un mur d'enceinte en défendent l'entrée. Comme ce château est construit sur la pente d'une colline, il se divise en deux quartiers : le quartier *haut*, où se trouvent situés les appartements royaux; et le quartier *bas*, comprenant la chapelle de Saint-Georges, où se tiennent les chapitres de l'ordre de la Jarretière. Entre ces deux quartiers on a construit, sur une espèce de *terre-plein* en forme d'amphithéâtre, une large tour ronde, espèce de donjon ou citadelle intérieure, en haut de laquelle flotte l'étendard royal lorsque la Reine habite le château.

Malgré cette apparence formidable, le château n'est plus aujourd'hui qu'une maison de plaisance que le roi Georges IV et ses successeurs se sont plu à embellir du plus somptueux mobilier. C'est par la porte qui conserve encore le nom de Georges IV que le Roi a fait son entrée dans le château. La voiture où se trouvaient S. M., le prince Albert et le duc de Montpensier était découverte et attelée de quatre chevaux bais. Elle était précédée par un piquet de gardes bleus à cheval (*blue horse guards*). Le cortége traversa au grand trot la grille du parc et la vaste pelouse qui est devant cette façade du château. Mais avant de passer le seuil de la porte, le Roi répondit par divers saluts aux acclamations de la foule qui s'était réunie et groupée aux abords de cette entrée du parc. Des cavalcades et des équipages élégants étaient accourus de toutes les maisons de campagne des environs, et formaient avec des citoyens de tous les rangs et de tous les âges un rassemblement considérable empressé de voir le Roi et de lui rendre hommage.

De ce côté le château est séparé de la grille par une vaste pelouse et une grande avenue que l'on nomme pour cette raison *Long Walk*, l'un des points de vue les plus pittoresques de ce beau parc.

LONGUE ALLÉE.

RÉCEPTION DU ROI SOUS LE PÉRISTYLE

RÉCEPTION DU ROI SOUS LE PÉRISTYLE.

Outre les acclamations de la multitude, le bruit des canons placés dans le parc et le branle des cloches de la chapelle Saint-Georges annoncèrent en même temps l'approche des voitures qui amenaient les illustres voyageurs. Aussitôt la Reine, accompagnée de la comtesse de Gainsborough et de ses autres dames d'honneur, descendit de ses appartements par le grand escalier, et s'avança dans le vestibule au-devant du Roi des Français. Les pages et les valets de pied formaient une double haie jusqu'à la porte d'entrée, près de laquelle étaient réunis le duc de Wellington, lord Aberdeen, le comte de Liverpool, sir Robert Peel, le comte de Delawarr, le vicomte Sydney, l'honorable M. Hood, le major-général Wemyss, le lord grand chambellan, M. Thomas-Georges Anson, les écuyers de la Reine et les autres officiers de sa maison, quelques-uns vêtus de l'uniforme de Windsor : frac bleu et collet rouge. Le piquet d'honneur qui avait accompagné le Roi s'était rangé en ligne devant la porte.

La duchesse de Kent, mère de la Reine, accompagnée de lady Charlotte Dundas, était présente aussi à cette réception. Elle portait le deuil, ainsi que la Reine et les autres dames de la cour.

« L'entrevue de la Reine et du Roi, disaient à ce sujet les journaux anglais, dégagée de toute pompe et de toute ostentation, a été des plus touchantes. Il n'y avait aucun déploiement inutile de luxe et d'étiquette. Tout laissait voir que la visite du Roi était en réalité ce qu'il avait voulu qu'elle fût, une visite toute privée, de bonne amitié, et un échange de sentiments affectueux entre les deux souverains. D'un côté, la jeune Reine de la Grande-Bretagne oubliant le cérémonial de cour et s'avançant tête nue, avec ce charme et cet abandon qui lui sont particuliers, presque jusqu'à la portière de la voiture du Roi pour souhaiter la bienvenue à son hôte auguste ; de l'autre part, un des plus habiles et des plus puissants monarques de l'Europe, se présentant sans faste pour jouir de l'hospitalité cordiale qu'on lui préparait à Windsor, joignant les manières élégantes et chevaleresques de sa nation et de son rang à l'affable simplicité d'un véritable *gentleman*. »

En prenant la main que lui offrait la Reine, le Roi l'a pressée avec effusion, puis il a embrassé S. M. B. d'une façon toute paternelle. Ensuite Louis-Philippe a offert son bras à la Reine et a salué sir Robert Peel, le comte de Liverpool et plusieurs personnages qui lui furent présentés tour à tour sous le vestibule, disant à chacun quelques paroles bienveillantes avec un grand bonheur d'à-propos. Enfin, LL. MM. se tenant familièrement par le bras, montèrent ensemble le grand escalier, dont la double rampe et la vaste cage sont, comme morceau d'architecture et comme ensemble de décoration, une des parties les plus remarquables du palais de Windsor. Les effets de lumière que projetait le jour à travers des vitraux de couleur qui garnissent les fenêtres supérieures ajoutaient un charme particulier à cette scène, animée par une foule de personnages groupés à des distances inégales sur les montées.

Le Roi et la Reine étaient immédiatement suivis par la duchesse de Kent, qui avait pris le bras du duc de Montpensier ; puis venaient d'autres personnes de la cour de la Reine et les personnes de la suite du Roi.

Arrivé au premier étage, le cortège doublement royal, après avoir traversé la salle d'attente, s'arrêta dans le grand salon du Roi, la Reine ayant eu la gracieuse attention de conduire directement son hôte aux appartements qui lui étaient destinés. Là, plusieurs présentations nouvelles furent faites au Roi des Français, qui trouvait toujours à dire à chacun quelque chose d'aimable, et qui s'exprimait avec une grande aisance. Ensuite la Reine lui souhaita une seconde fois la bienvenue, en lui disant que là il devait se regarder comme chez lui ; après quoi elle se retira dans ses appartements.

Une demi-heure après, LL. MM. se sont réunies de nouveau au *luncheon*, ou second déjeuner, auquel n'ont pris part avec elles que la duchesse de Kent, le duc de Montpensier et le prince Albert. Ce repas terminé, le Roi, la Reine et le prince Albert se sont promenés quelque temps sur la terrasse, qui a près de 600 mètres de long, d'où la vue s'étend sur des campagnes délicieuses, et d'où l'on aperçoit aussi le jardin particulier de la Reine, qui, malgré la saison déjà avancée, était rempli de belles fleurs d'automne et de plantes exotiques les plus rares.

La Reine avait mis aux ordres du Roi pendant son séjour en Angleterre, soit comme gentilshommes de la chambre, soit comme écuyers, lord Charles Wellesley, fils du duc de Wellington, le vicomte Sydney et le capitaine Duncombe.

A sept heures le dîner a été servi dans les petits appartements. Le Roi était placé entre la Reine et la duchesse de Kent. Le prince Albert était en face. Trente convives assistaient à ce premier repas; savoir : la Reine, le Roi, le prince Albert, la duchesse de Kent, le duc de Montpensier, sir Robert Peel, M. Guizot, lady Charlotte Dundas, la comtesse de Wratislaw, le comte et la comtesse de Sainte-Aulaire, le duc de Wellington, le marquis d'Exeter, le comte de Liverpool, le comte Delawarr, le comte de Jersey, le comte d'Aberdeen, l'amiral de Mackau, le comte de Jarnac, le général Athalin, le général de Rumigny, le colonel Dumas, le comte de Chabannes, le colonel Thierry, le baron Fain, M. Fouquier, M. Pasquier, le vicomte Sydney et lord Charles Wellesley.

La Reine, toujours en toilette de deuil, portait les insignes de l'ordre de la Jarretière ; le Roi et le prince Albert portaient le grand cordon de la Légion-d'Honneur.

Au dessert et avant que, selon l'usage anglais, la Reine se retirât, le comte de Liverpool, grand-maître de la maison de S. M. (*lord Stewart*), s'est levé et a proposé la santé du Roi des Français. Ce toast a été accueilli avec empressement, et la musique des *horse guards* (gardes à cheval) a joué la marche française qui est d'ordinaire exécutée lorsque le Roi passe devant les troupes et que les tambours battent aux champs.

Après le départ de la Reine les hommes restèrent peu de temps à table et allèrent rejoindre les dames au salon.

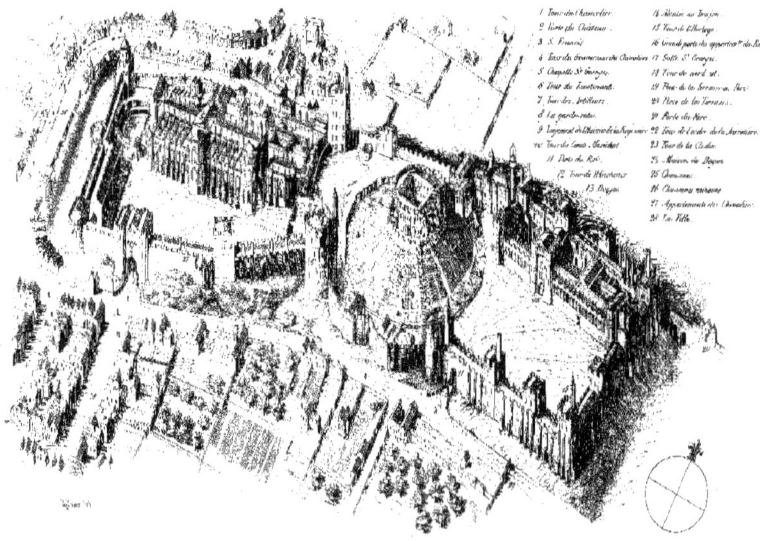

Plan en relief du Château de Windsor en 1672.

PRÉSENTATION AU ROI DES ENFANTS DE LA REINE

PRÉSENTATION AU ROI

DES ENFANTS DE LA REINE.

Les scènes de famille ne sont pas, on le sait, celles qui ont le moins de charme pour le cœur du Roi. Elles lui rappellent qu'il a long-temps trouvé dans les caresses de ses jeunes enfants de douces consolations contre les chagrins de l'exil en pays étranger et contre les soucis d'une position équivoque dans sa propre patrie pendant les premières années de la seconde restauration. Chez lui ni le nombre des années ni le tracas des affaires publiques n'ont refroidi envers le jeune âge ce sentiment de bienveillance auquel sont naturellement portées toutes les âmes généreuses; disposition affectueuse qui d'ailleurs a été ravivée et entretenue chez S. M. par la naissance de ses petits-fils, dans lesquels il voit revivre ses enfants, et qu'il aime avec une égale tendresse.

Aussi lorsque la Reine et le prince Albert parlèrent au Roi de lui présenter leur jeune famille, S. M. accueillit cette proposition avec autant de plaisir que d'empressement. Les trois aînés de la famille royale d'Angleterre furent aussitôt après le dîner introduits dans l'un des salons. La Reine et madame la duchesse de Kent les conduisaient, et les présentèrent au Roi. La compagnie était rassemblée en différents groupes dans cette vaste pièce, qui sert quelquefois de salle de bal. Elle est décorée avec un grand luxe et ornée de belles tapisseries des Gobelins, exécutées du temps de la régence.

Le Roi tendit la main à ces aimables enfants, leur fit des caresses et leur parla avec une bonté familière qui leur épargna en partie l'embarras de la timidité particulière à leur âge[1]. Le Roi complimenta avec effusion la Reine et le prince Albert sur la beauté, la grâce et l'intelligence précoce de leur jeune famille.

Cette scène touchante se passa près et en face de la cheminée, au-dessous d'un énorme lustre qui projetait une vive lumière sur le groupe royal, tandis que la plupart des personnes de la cour se trouvaient dans le clair-obscur : les unes réparties du côté du guéridon, les autres du côté du grand vase Médicis en malachite qui est près de l'une des croisées.

Lorsque les enfants se furent retirés, la Reine fit apporter l'*album* dont le Roi avait confié l'exécution à d'habiles artistes, et dont il avait fait présent à la Reine en souvenir du séjour de S. M. B. au château d'Eu.

Cet album est d'une dimension peu commune. Il a quatre-vingts centimètres de haut sur soixante de large. Sa reliure est magnifique. Elle a été exécutée par Ginain. La couverture, en maroquin gros grain d'une belle teinte carminée, est ornée de plusieurs filets d'or et des armes d'Angleterre. Les plus minutieuses précautions ont été prises pour que les dessins que renferme ce livre ne fussent pas fatigués par le frottement. C'est ainsi que chaque dessin est encadré dans de quadruples cartons de Bristol, dont l'épaisseur préserve de tout contact la feuille dessinée.

[1] Victoria-Adélaïde-Marie-Louise, née le 21 novembre 1840; Albert-Edward, prince de Galles, né le 9 novembre 1841; Alice-Maud-Marie, née le 25 avril 1843.

Ces dessins sont au nombre de trente-deux. Voici la liste des sujets qu'ils représentent :

1. La Reine d'Angleterre arrive en vue de Tréport. 2. Le Roi part de Tréport pour se rendre à bord du yacht de la Reine. 3. La Reine reçoit le Roi à bord de son yacht. 4. La Reine des Français reçoit la Reine d'Angleterre à Tréport. 5. Présentations à la Reine Victoria à Tréport. 6. Arrivée au château d'Eu. 7. La Reine Victoria est saluée par la garde nationale et la troupe dans les cours du château. 8. Salon de la Reine Victoria et du prince Albert au château d'Eu. 9. Chambre de la Reine. 10. Cabinet de la Reine Victoria. 11. Chambre du prince Albert. 12. Présentations à la Reine Victoria dans la salle des Guises. 13. Pavillon de Montpensier dans le parc. 14. Chambre de la Reine des Français. 15. Chambre de S. A. R. madame Adélaïde. 16. Promenade au Mont-Huon et à Tréport. 17. Retour à travers le parc. 18. Salon de famille. 19. Déjeuner au Mont-d'Orléans, dans la forêt d'Eu. 20. Sortie de la forêt et retour au château. 21. Concert dans la galerie des Guises. 22. Le prince Albert conduit par le prince de Joinville et les ducs d'Aumale et de Montpensier à la revue du 1ᵉʳ régiment de carabiniers. 23. Galerie du rez-de-chaussée du château. 24. Chapelle du château. 25. L'église de Saint-Laurent, à Eu. 26. Cryptes de l'église Saint-Laurent, tombeaux des anciens comtes d'Eu. 27. Relai de poste à l'Arbre-des-Princes. 28. Déjeuner sous la futaie de Sainte-Catherine. 29. Escalier du château. 30. Salle à manger du château d'Eu. 31. La Reine Victoria sort de Tréport dans le canot du Roi. 32. Adieux à bord du yacht de la Reine Victoria, dans la cabane de la Reine.

L'auguste compagnie admira long-temps cet album, et loua le talent de nos artistes, ainsi que le sentiment délicat qui avait conçu l'idée de ce recueil, et qui avait présidé au choix des sujets. La Reine, à chaque dessin nouveau, interrogeait ses souvenirs, et montrait avec une grâce infinie qu'elle n'avait oublié aucun incident de sa visite au château d'Eu.

Dans le cours de la soirée, la musique de la chambre de la Reine a exécuté plusieurs morceaux, presque tous choisis à dessein parmi les œuvres de notre musique nationale qui sont plus particulièrement du goût du Roi, *Richard Cœur-de-Lion*, *Iphigénie en Aulide*, *le Déserteur* et l'air arabe devenu populaire dans les musiques de nos régiments d'Afrique.

Le Roi s'est longuement entretenu dans la soirée avec les principaux personnages invités au château, entre autres avec sir Robert Peel et lord Aberdeen; de leur côté, la Reine et le prince Albert ont adressé des paroles pleines de bienveillance aux aides-de-camp et aux personnes de la suite du Roi qui leur avaient été déjà présentées dans la journée. M. Guizot surtout a été l'objet des attentions particulières de la cour.

La Reine, craignant que son auguste hôte ne fût fatigué du voyage, s'est retirée plus tôt que de coutume. Le Roi, suivi de M. le duc de Montpensier, l'a reconduite à l'entrée de ses appartements.

CHAMBRE A COUCHER DU ROI.

Les appartements préparés pour recevoir le Roi au château de Windsor étaient les appartements d'honneur (state appartments). Ils avaient été précédemment occupés par le roi de Prusse, et plus tard par l'empereur de Russie. C'est la Reine elle-même, comme on l'a dit déjà, qui avait pris soin d'y conduire Louis-Philippe au moment de son arrivée. Il ne fallut ajouter que peu de dispositions nouvelles à celles qui avaient été faites à l'occasion du séjour des deux autres souverains dont on vient de parler pour rendre ces appartements aussi confortables qu'ils sont magnifiques. Leur situation est de plain-pied avec la grande terrasse.

Ils se composent d'une antichambre, d'une salle d'attente, d'un salon, d'une chambre à coucher, d'un cabinet de travail et d'une salle du conseil. La plupart de ces chambres sont tendues en soie cramoisie, avec les armes d'Angleterre brochées dans l'étoffe. Partout l'ameublement est d'une grande richesse et se trouve en parfaite harmonie avec les tentures, dont l'éclat est encore rehaussé par la beauté et le prix des tableaux qui les surchargent. Presque tous sont des ouvrages de choix des premiers maîtres. Le salon qu'on appelle salon de Rubens est célèbre surtout par la réunion de plusieurs chefs-d'œuvre de ce grand peintre.

La chambre à coucher, dont la décoration a été entièrement renouvelée exprès pour la reine Adélaïde, femme de Guillaume IV, se fait remarquer par une rare élégance. Elle est tapissée en étoffe bleue de ciel brochée de blanc et garnie de bordures et d'ornements d'argent mat et d'or bruni. Ces deux couleurs se marient à merveille et sont d'un effet charmant. La frise, en forme d'encorbellement, est ornée d'arabesques entre lesquelles se détachent le nom et la couronne de la princesse qui a présidé à ces embellissements.

Les draperies du lit et des croisées sont également d'étoffe bleu-clair garnie de franges d'argent. Les fauteuils et le canapé portent l'empreinte du goût de la Régence. Quant aux autres meubles, de forme et de style variés, ils ne cèdent point en magnificence et en luxe à la splendeur des tentures et des draperies.

Là aussi, comme dans le salon, les murs sont couverts de tableaux précieux. Il suffit de citer le portrait de Henri VIII, par Holbein; celui d'Édouard VI et celui du duc de Norfolk revêtu des insignes de sa double charge de premier lord de la trésorerie et de grand-maître de la maison du Roi; une tête d'homme, par Léonard de Vinci; le portrait du Titien, peint par lui-même, et celui de l'Arétin, qu'on doit au même artiste; le Christ enfant, par Carle Maratte; Saint Jean, par le Guerchin; la Vierge et son enfant, par Van-Dyck; une Sainte Famille, par Sébastien del Piombo; deux magnifiques paysages de Claude Lorrain; le portrait d'Érasme, par Georges Puiz; une tête par Gérard Dow, et plusieurs autres sujets traités par des maîtres flamands et hollandais. Parmi ces dernières peintures le Roi reconnut une tête de Rembrant, dont l'un de ses frères avait fait autrefois une copie pendant son séjour en Angleterre.

Quoique le Roi eût près de lui un cabinet de travail, il écrivait chaque matin dans sa chambre à coucher, et sa table était souvent couverte de papiers. Il y recevait les personnes de sa suite qui avaient des ordres à prendre. C'est là aussi que M. Guizot, M. le comte de Saint-Aulaire et le comte de Jarnac ont été admis plusieurs fois pour entretenir S. M. de sujets politiques.

Voici, au reste, la principale distribution des appartements dans le château.

Le Roi, comme nous l'avons vu, occupait les appartemens d'apparat; M. le duc de Montpensier était logé dans la tour de Clarence, ainsi que le prince de Hesse-Philippstall; M. le duc et madame la duchesse de Cambridge dans la tour de Lancastre; M. le duc et madame la duchesse de Mecklembourg, dans la tour d'York; M. Guizot et M. l'amiral de Mackau dans la tour d'Édouard III; les aides-de-camp, le secrétaire et les médecins du Roi dans l'aile septentrionale du château; le duc de Wellington et lord Aberdeen dans la tour d'Augusta, etc., etc.

Les appartemens privés de la Reine et du prince Albert occupent une partie de la façade de l'est et de celle du midi.

Le service se faisait avec tant d'ordre et de régularité qu'on ne se serait pas douté du nombre et de l'importance des nouveaux hôtes qui l'habitaient depuis quarante-huit heures. Ajoutons que chaque jour arrivaient de nouvelles visites des personnes de la cour qui avaient été invitées à prendre part aux fêtes de Windsor. La liste complète qu'en ont donnée les journaux anglais deviendra un jour un document curieux. C'est à ce titre qu'on la rapporte ici.

LISTE PAR ORDRE ALPHABÉTIQUE DES PERSONNES INVITÉES A WINDSOR POUR LES FÊTES ROYALES

DONNÉES A L'OCCASION DU SÉJOUR DU ROI DES FRANÇAIS DANS CE CHATEAU.

« *Membres de la famille royale.* — S. A. R. la duchesse de Kent; LL. AA. RR. le duc et la duchesse de Cambridge; S. A. R. la duchesse de Gloucester; LL. AA. RR. le grand-duc héréditaire et la grande-duchesse de Mecklembourg Strelitz; S. A. R. le prince Édouard, neveu de la reine douairière.

« La santé de la reine Adélaïde ne lui a pas permis de profiter de l'invitation qui lui était faite, et son neveu, le prince Ernest de Philippstall, n'était pas de retour avant le départ du Roi.

« *Invités.* — S. E. l'ambassadeur de France et la comtesse de Saint-Aulaire; le marquis d'Anglesey, chevalier de la Jarretière; le comte d'Aberdeen, ministre des affaires étrangères; le comte d'Audenarde; l'honorable M. et Mme Ashley; M. le général et l'honorable dame Anson; le duc de Buccleugh, chevalier de la Jarretière; le duc de Beauford, *idem*; le duc de Buckingham, *idem*; le comte et la comtesse Beverley; lady Géorgina Bathurst, dame d'honneur de la duchesse de Gloucester; lord et lady Ernest Bruce; lord et lady Beauvale; le colonel Bouverie, écuyer du prince Albert, et madame Bouverie; le prince Castel Cicala, ambassadeur de Naples; le vicomte et la vicomtesse Canning; le colonel sir Georges Couper, écuyer de la duchesse de Kent, et madame et mademoiselle Couper; l'amiral sir Edward et mademoiselle Codrington; sir James Clark, médecin de S. M. la Reine; l'honorable et révérend H.-C. Cust, doyen de la chapelle de Windsor; l'honorable et révérend C.-L. Courtenay, chapelain de S. M. B.; sir Augustin Clifford, huissier de la Verge-Noire; l'amiral sir Georges Cockburn; le lord chambellan et la comtesse de Delawarr, ainsi que lady Mary West; le duc de Devonshire, chevalier de la Jarretière; le vicomte Duhesme; lady Charlotte Dundas, dame de compagnie de la duchesse de Kent; l'honorable capitaine Duncombe, écuyer de la Reine, mis au service du Roi; le très-honorable colonel G.-L. Dawson; M. Damer, contrôleur de la maison de S. M. B.; le marquis et la marquise d'Exeter; lord Ellenborough; la comtesse de Flahaut; lord Adolphus Fitz-Clarence; lord Forester, capitaine du très-honorable corps des gentilshommes d'armes; sir William Freemantle et mademoiselle Harvey; la comtesse de Gainsborough, dame d'honneur de la Reine; sir James et lady Graham; le très-honorable Henri Goulburn, chancelier de l'Échiquier, le ministre de Saxe et la baronne de Gersdorff; le comte et la comtesse Granville; le très-honorable W.-E. et madame Gladstone; lady Grant; sir W. Gordon; sir W. Gage, M. J.-H. Glover, bibliothécaire de S. M.; la marquise d'Harcourt, le duc d'Harcourt et le comte Jean d'Harcourt; l'honorable et révérend Francis Hodgson, proviseur d'Eton, et l'honorable madame Hodgson; le révérend docteur Hawtrey, chef des études à Eton; lord et lady William Harvey; M. et madame Harcourt de Saint-Léonard; le colonel Home, des grenadiers de la garde; le comte de Jersey, grand écuyer de la Reine; lady Jersey et lady Clémentina Villiers; le comte de Jermyn, trésorier de la maison de la Reine; le comte de Liverpool, grand maître de la maison de S. M.; la douairière lady Lyttelton, gouvernante de la princesse royale, et la très-honorable demoiselle Lyttelton; lord Georges Lennox, chevalier d'honneur du prince Albert; le lord chancelier et lady Lyndhurst; le très-honorable C. Lefèvre, président de la chambre des communes; le comte de Lonsdale; le marquis de Lasalle; le marquis de Lansdowne, chevalier de la Jarretière; l'honorable capitaine Liddell; le comte de Lincoln, premier commissaire des eaux et forêts, et la comtesse de Lincoln;

le ministre du Brésil et la marquise de Lisboa; l'honorable Amelia Murray, demoiselle d'honneur de la Reine, le très-honorable sir Georges Murray, grand maître de l'artillerie; le lieutenant-colonel Mac Dowall; le ministre de Portugal et la baronne de Torre de Monteorvo; sir William Martins: sir John Macdonald, adjudant-général; le vicomte Melbourne; le duc et la duchesse de Norfolk; le comte et la comtesse d'Orkeney; l'évêque d'Oxford; le comte de Noailles; le très-honorable sir Robert et lady Peel; le comte et la comtesse de Rosselyn; le duc de Rutland, chevalier de la Jarretière; lord et lady John Russell; l'amiral sir Charles Rowley, le colonel Richardson, de la garde royale à cheval; M. de Rabaudy; le vicomte Sydney, chevalier d'honneur de la Reine, mis au service du Roi par S. M. B., et mademoiselle la vicomtesse Sydney; le marquis de Salisbury, chevalier de la Jarretière; lord et lady Granville Sommerset; lord Fitzroy Sommerset; lord Stanley, ministre des colonies; sir Frédéric Stowen, écuyer de la Reine; l'honorable et révérend R. Stopford, chanoine de Windsor; le capitaine Francis Seymour, maître de la garde-robe du prince Albert; le capitaine Hugues Seymour; le baron de Talleyrand; le ministre de Belgique et madame Van de Weyer; le comte et la comtesse de Vernlam et lady Jeanne Grimston; le feld-maréchal duc de Wellington, chevalier de la Jarretière; lord C. Wellesley, secrétaire des commandements de la Reine, mis au service du Roi, et lady Wellesley; le marquis de Westminster, chevalier de la Jarretière; lord et lady Warncliffe; la comtesse Joséphine de Wratislaw; le major-général sir Henri Worthly, trésorier de la bourse privée de S. M. B.; lord et lady Willoughby de Eresby; le major-général Wemyss, gentilhomme de la Reine, et lady Isabella Wemyss, l'évêque de Winchester; le très-honorable sir Georges Warender; le lieutenant-colonel Wylde, écuyer du prince Albert; sir Charles Young, Jarretière et roi d'armes.

« *Suite du Roi*. — M. Guizot, ministre des affaires étrangères; le vice-amiral baron de Mackau, ministre de la marine; le général baron Athalin, le comte de Chabannes, le comte de Rumigny, le comte Dumas, aides-de-camp du Roi; le comte de la Grave, officier d'ordonnance de S. M.; le colonel Thierry, aide-de-camp du duc de Montpensier; le vice-amiral de Lasusse; le capitaine Pellion, aide-de-camp du ministre de la marine; le capitaine Page; le comte de Jarnac, premier secrétaire de l'ambassade française et chargé d'affaires en Angleterre; M. Fain, chef du cabinet du Roi, M. le docteur Fouquier, médecin, et M. le docteur Pasquier, chirurgien du Roi; M. Herbet et M. Hennequin, secrétaires particuliers de M. Guizot. »

Toutes les personnes inscrites sur cette liste n'ont point séjourné dans le château, mais la plupart de celles qui étaient invitées pour plus d'un jour y ont reçu une grande et noble hospitalité. L'étendue des bâtiments, leur parfaite distribution intérieure ont permis cette munificence royale.

Comme on a pu le voir dans la vignette qui se trouve à la suite de l'un des chapitres précédents, le château de Windsor a été dans tous les temps très-vaste, mais il s'en fallait qu'il fût alors aussi commode qu'il l'est aujourd'hui, depuis les dernières réparations qui ont été faites par des architectes habiles.

Pour en donner ici une idée juste, nous nous sommes procuré, non sans difficulté, en Angleterre, un plan géométrique de la disposition de ce palais au premier étage. Une table avec des chiffres de renvoi offre un moyen facile de reconnaître au premier coup d'œil les appartements qu'occupaient les principaux personnages réunis à cette époque, et les salons où se sont passées les scènes dessinées et décrites dans le *Voyage du Roi à Windsor*. Il était indispensable de mettre sous les yeux du lecteur un fil qui l'empêchât de s'égarer dans le dédale de ces logements nombreux.

LE ROI VISITE LA CHAPELLE ST GEORGES.

Monument de la Princesse Charlotte.

LE ROI
VISITE LA CHAPELLE SAINT-GEORGES.

Le Roi, qui n'avait pas éprouvé la moindre fatigue à la suite de son rapide voyage, s'est levé, selon son habitude, de très-bonne heure dans la matinée du 9. S. M. s'est promenée pendant quelque temps sur la terrasse, d'où elle a pu jouir d'une de ces vues magiques que présentent les environs de Windsor. Le Roi a déjeuné dans ses appartements, et bientôt après S. M. a reçu la visite de la Reine et de S. A. R. le prince Albert. Le char-à-bancs dont le Roi a fait cadeau à S. M. B. devait, immédiatement après le déjeuner, conduire la Reine et ses hôtes illustres à Frogmore-Lodge et dans quelques parties du parc ; mais, comme le temps avait un aspect menaçant, il y a eu contre-ordre.

Le Roi a passé quelque temps à regarder la magnifique collection de tableaux dont sont ornés les principaux appartements du château. S. M. a aussi examiné avec un soin tout particulier les statues, les armures et le bouclier d'argent garni en or appelé le bouclier de Benvenuto Cellini, dont François Ier a fait cadeau à Henri VIII. Après le *luncheon*, le Roi, accompagné de S. M. la Reine, de S. A. R. le prince Albert et du duc de Montpensier, s'est promené quelque temps sur la terrasse, et a ensuite visité les jardins qui sont devant les appartements particuliers de la Reine.

Vers trois heures la Reine, appuyée sur le bras du Roi des Français et accompagnée par le prince Albert, par les grands officiers d'État et plusieurs membres de la famille royale, a quitté le château et s'est rendue à la chapelle Saint-Georges, monument remarquable par la grandeur de son vaisseau et la beauté de ses ornements. Cette chapelle a été, comme le reste du château, reconstruite par les soins d'Édouard III ; mais elle n'a été terminée entièrement que sous Henri VIII, qui l'a richement dotée.

L'arrivée de la royale société à cet édifice a été tout à fait subite, et la Reine se trouvait déjà dans le cloître lorsque les membres du clergé sont venus à sa rencontre et à celle du Roi des Français. LL. MM. ont été reçues par le doyen et par le chapitre résidant, qui ont accompagné les illustres visiteurs à travers les diverses parties de ce temple, passant en revue tour à tour le chœur, les chapelles et la salle du chapitre ; puis enfin le monument de la princesse Charlotte.

Le Roi s'est arrêté long-temps devant ce tombeau, qu'il a examiné non-seulement sous le rapport de l'art, mais comme lui rappelant une princesse qu'il avait connue et dont la mort prématurée a excité des regrets si unanimes en Angleterre. Des vitraux magnifiquement peints et récemment terminés par M. Willement ont été également admirés du Roi.

La salle du chapitre est ornée d'un portrait en pied d'Édouard III, fondateur de l'ordre de la Jarretière. Sa longue épée de combat, qui est suspendue à son portrait, a excité la curiosité du Roi et de son fils, le duc de Montpensier. S. M. a voulu prendre dans ses mains cette singulière arme, qui est très-lourde et a près de sept pieds de long. Pendant cette visite, M. Elvey, organiste de S. M. B., a exécuté, entre autres morceaux, une marche de Handel et un *Te Deum* composé par le prince Albert.

En quittant la chapelle, LL. MM. ont traversé le parc pour se rendre à la volière de la Reine.

Le Roi des Français attirait évidemment tous les regards, et la double présence de Louis-Philippe et de Victoria semblait causer partout un vif sentiment de satisfaction. Le Roi marchait tellement vite, malgré son âge, que plusieurs personnes de sa suite, beaucoup plus jeunes, avaient grand'peine à le suivre.

Après avoir inspecté la volière, la royale compagnie est montée dans des coupés traînés par des poneys et s'est rendue chez la duchesse de Kent, à Frogmore-Lodge, charmante habitation qui est dans le voisinage de Windsor, et dont la construction moderne est de M. James Wyatt.

Le marquis d'Exeter, sir Robert Peel, M. Guizot, le comte d'Aberdeen, le vicomte de Sidney et plusieurs officiers de la maison de la Reine suivirent LL. MM. à Frogmore-Lodge. Les écuyers de service et le prince Albert étaient à cheval.

S. A. R. la duchesse de Kent, accompagnée de lady Charlotte Dundas, sa dame d'honneur, du colonel sir Georges Couper, surintendant de sa maison, reçut LL. MM. à l'entrée de Frogmore-House.

Le Roi, la Reine et le prince Albert sont restés près d'une heure chez la duchesse de Kent, et ne sont retournés avec leur suite au château que vers cinq heures.

Après être descendu de voiture à la grande entrée, le Roi, accompagné de la Reine et du prince Albert, visita le rez-de-chaussée du château et parcourut les offices et les cuisines. Le lord, grand maître de la maison, accompagnait LL. MM., qui se sont retirées bientôt dans leurs appartements. Le duc de Montpensier, suivi par le comte de Jarnac et par le colonel Thierry, aide-de-camp de S. A. R., avait quitté le château le matin dans une des voitures royales à quatre chevaux pour se rendre à *Slough*, station du chemin de fer de Great-Western; de là, il est arrivé à Londres, où il a visité quelques-uns des principaux édifices nationaux; et, après avoir goûté à l'ambassade, il est retourné à Slough par le convoi de cinq heures, et est revenu au château pour le banquet.

A sept heures le dîner a été servi dans la salle Saint-Georges. Les murs de cette salle sont ornés des écussons et des insignes des chevaliers de l'ordre de la Jarretière depuis l'institution, et décorés des portraits de plusieurs rois d'Angleterre, par Kneller, d'après Van Dyck et autres grands maîtres. Le service était de vaisselle d'or. La longue table sur laquelle on avait servi le dîner était couverte de candélabres magnifiques, de vases, de seaux à glace et de plats montés, tous en or ou en vermeil. A chaque bout de la salle on avait élevé de grands buffets ou dressoirs, contenant un choix des pièces les plus précieuses d'orfévrerie du trésor de la Reine, toutes remarquables par leur exécution, leur antiquité ou leur intérêt historique. D'un côté l'on remarquait le fameux bouclier d'Achille, par Flaxman; l'urne de l'Armada et plusieurs anciens chandeliers à bras. Au côté opposé on voyait la tête et les pattes de devant du grand tigre royal qui supportait autrefois le trône de Typoo-Saëb, sultan de Mysore. Les yeux, les dents et les griffes de cet animal sont en cristal de roche. Des lames d'or recouvrent ses pattes et une partie de sa tête. Ce trophée a été pris à l'assaut de Seringapatam le 4 mai 1799. Le grand étendard du sultan, enlevé au même assaut, ombrageait de ses plis onduleux une partie du corps de ce tigre. Toutes ces richesses étaient disposées avec goût sur un fond cramoisi et éclairé par de nombreux candélabres de vermeil chargés de milliers de bougies.

La Reine était assise entre le Roi et M. le duc de Montpensier; vis-à-vis, le prince Albert entre la comtesse de Saint-Aulaire et lady Charlotte Dundas, dame d'honneur de la duchesse de Kent.

Quelque temps avant le dessert, le joueur de cornemuse que la Reine a ramené d'Écosse, revêtu du costume des montagnards, a fait quatre fois le tour de la table en exécutant des airs nationaux. La simplicité rustique des sons qu'il tirait de son instrument a égayé la compagnie. Au dessert, le Roi s'est levé et a proposé la santé de S. M. B. La musique des fusiliers écossais de la garde, placée dans une galerie auprès de la salle à manger, a joué les morceaux suivants : grande marche sur les motifs de *la Muette de Portici* d'Auber, l'ouverture du *Lac des Fées* d'Auber, des valses et un galop de Labitsky.

Après le dîner, la musique particulière de S. M., renforcée des plus éminents exécutants de Londres, a joué les morceaux suivants : *Chant d'Amour* de Mendelssohn Bartholdy; choix des motifs de *Jean de Paris* de Boieldieu; l'ouverture et le menuet de *l'Armide* de Gluck; l'ouverture de *Fanisha* de Cherubini; une grande marche de Spohr et le *Bouquet des Dames* de Strauss.

Pendant la soirée, le prince Albert a présenté au Roi les personnes nouvellement arrivées au château; S. M. s'est entretenue en anglais avec chacune d'elles.

A dix heures le Roi et la Reine se sont retirés dans leurs appartements, après avoir pris congé l'un de l'autre de la manière la plus cordiale et la plus affectueuse.

MAISON D'ORLÉANS, A TWICKENHAM.

MAISON D'ORLÉANS A TWICKENHAM.

Une grande partie de la journée s'est passée en visites et en promenades dans les environs du château de Windsor, et même à plusieurs milles à la ronde de cette résidence royale.

Le temps était favorable. Après le déjeuner, on a inauguré le char-à-bancs dont le Roi avait fait présent à la Reine. La voiture était attelée de quatre chevaux blancs des écuries royales et montés par des postillons élégants dont le type est particulier à l'Angleterre.

Cette voiture est une imitation exacte du char-à-bancs que la Reine avait remarqué lors de sa visite au château d'Eu, et dont la famille royale de France est dans l'habitude de se servir pour ses excursions pendant ses séjours en Normandie, véhicule vaste, commode et léger. Le Roi s'était empressé de satisfaire à un désir qui n'avait du reste été exprimé qu'avec une délicate réserve, et s'était fait précéder de l'agréable surprise qu'il espérait causer.

La caisse de ce char-à-bancs est peinte en bleu foncé, autrement du *bleu de roi;* elle est ornée de garnitures en plaqué d'argent. Dans l'intérieur, elle contient huit siéges à dossiers, formant quatre grandes banquettes où huit personnes peuvent se trouver assises fort à l'aise. La couverture, ou impériale, est soutenue par des tiges en bronze qui la rendent tout à fait fixe. Au pourtour règnent des franges en forme de lambrequins d'une étoffe rosée. Les torsades, les effilés et les glands qui encadrent ces lambrequins sont bleus et blancs, ce qui représente les trois couleurs de la France. Des stores, cachés sous cet ornement, s'abaissent et se lèvent à volonté pour garantir du soleil, de la pluie ou du vent.

Le Roi ayant pris place avec la Reine sur la banquette de devant, la duchesse de Kent et le duc de Montpensier sur la seconde, le prince Albert et la comtesse de Gainsborough sur la troisième, et sur la dernière le baron Athalin et le comte Dumas, aides-de-camp du Roi, les chevaux partirent à fond de train à travers les avenues du parc.

Nul apparat, nulle étiquette dans cette promenade toute de plaisir; aucune escorte n'accompagnait la voiture; deux ou trois piqueurs couraient en avant pour ouvrir les barrières des routes privées, barrières qui ne sont fermées qu'au loquet, routes qui serpentent autour des parcs comme de véritables allées de jardins, de telle sorte que dans les campagnes, et surtout dans les environs de Windsor, vous pouvez parcourir plusieurs milles en voiture sans quitter les allées des plus charmantes habitations. Lord Wellesley, grand écuyer de la Reine, et le comte de la Bouverie, aide-de-camp du prince Albert, cavalcadaient seuls près des portières de la voiture.

L'illustre compagnie a été d'abord conduite, par Staines et Sunbury-Common, vers Twickenham, village considérable, situé à dix milles de Londres dans le comté de Middlesex, sur les bords de la Tamise, en face du parc de Richmond, l'un des plus charmants sites de l'Angleterre, si riche en paysages ravissants. Dans cet endroit la Tamise, qui n'éprouve plus les effets de la marée, coule limpide et tranquille entre deux rampes en gazon de la plus grande fraîcheur. Il semble qu'on ait déroulé sur ses bords de vastes tapis de verdure, afin que les promeneurs ne se fatiguent point sur ces rives enchantées. Rien de plus délicieux qu'une promenade en bateau sur ce fleuve par une belle soirée d'été; de chaque côté, et à des distances inégales, sont groupées des maisons de plaisance et une multitude de petites fabriques de luxe placées et construites comme moyen de faire ressortir la richesse de la végétation et la beauté des fleurs.

L'habitation où l'ancien duc d'Orléans, aujourd'hui roi des Français, a passé plusieurs années d'exil est, ainsi que le village de Twickenham, située sur la rive gauche de la Tamise, de l'autre côté de Richmond. Elle est plus élégante que vaste, et l'un de ses pavillons, arrondi et orné de marbres de couleur, rappelle dans sa forme quelques maisons de campagne bâties chez nous au temps de la Régence.

C'est là que LL. MM. sont descendues pour se promener et visiter de nouveau des lieux féconds en souvenirs. Les honneurs de ce séjour leur ont été faits par le comte de Mornington, frère du duc de Wellington, qui occupait alors cette résidence, et qui depuis a été enlevé à sa famille.

Le Roi a parcouru ses anciens jardins, dont l'aspect a bien changé, grâce à l'extrême fécondité du sol. Il y a reconnu plusieurs arbres qu'il y avait fait planter autrefois, et entre autres un laurier qu'il avait planté de ses propres mains. Il en a rapporté une branche, pour la montrer sans doute à ses enfants, qui ont grandi comme cet arbre.

On rapporte (ce que nous n'avons pas été à même de vérifier, mais ce qui ne nous paraît nullement invraisemblable) que quelques vieux serviteurs de cette époque, qui habitent encore le village de Twickenham, se sont empressés, malgré leur grand âge, de venir bénir la main bienfaisante qui depuis bien des années allége en leur faveur le fardeau de la vieillesse en leur procurant une honnête aisance.

Non loin de l'ancienne habitation d'Orléans, il en est une autre que les curieux vont visiter en pèlerinage chaque fois qu'ils se rendent à Twickenham. Nous voulons parler de la maison où le poète Alexandre Pope a demeuré long-temps avec sa famille, et où il a composé plusieurs de ses ouvrages immortels, entre autres la *Dunciade* et l'*Essai sur l'Homme*. Cette résidence d'un auteur justement célèbre a subi plus de transformations que celle du duc d'Orléans. On y a ajouté plusieurs corps de bâtiments. Pope lui-même l'avait bien embellie à l'époque où il grandit en renommée. Mais ses jardins ont éprouvé moins de changements. Il y a des beautés naturelles qui ne peuvent que perdre à être modifiées. Nous ne savons si le passage souterrain et la grotte qu'il avait fait construire, et qui le charmaient dans ses moments de repos, subsistent toujours. Il en parle comme d'une merveille dans quelques-unes de ses lettres. Des coquilles et des cristaux y étaient disposés de manière à ce qu'à certaines heures du jour les objets environnants venaient s'y refléter comme dans une chambre obscure.

Malgré la faiblesse extrême de sa constitution, Pope travaillait parfois à son jardin. On y montre deux arbres qu'il avait plantés et soignés lui-même. Long-temps ils ont joui d'une grande vogue. On cherchait avec empressement à s'en procurer des rejetons ou des boutures non-seulement en France, mais dans toute l'Europe. L'impératrice Catherine de Russie en fit cultiver dans ses jardins de l'Ermitage. Un jour, le laurier que Louis-Philippe a planté aussi de ses propres mains deviendra à son tour une sorte d'arbuste sacré dont chacun recherchera des boutures, comme celles des arbres de Pope, pour les aller transplanter dans tous les lieux où la mémoire de ce monarque sera chérie et respectée. La postérité est en général plus juste et plus reconnaissante qu'on ne pense communément.

Après être resté quelque temps à causer avec le comte de Mornington et avec quelques autres personnes de la compagnie sur les campagnes des environs, ce qui montrait que le Roi n'avait rien oublié, S. M. trouva moyen de dire encore quelque chose de gracieux à chacun de ceux qui étaient présents, puis elle remonta en voiture avec la Reine et les autres personnages qui les avaient accompagnées dans cette première partie de leur excursion.

VISITE A CLAREMONT HOUSE.

VISITE A CLAREMONT-HOUSE.

De Twickenham, la Reine et son hôte auguste se sont rendus à Hampton-Court en passant par Bushy-Park, résidence habituelle de la reine douairière, veuve de Guillaume IV[1]. Lorsque la voiture est arrivée à l'une des grilles de Hampton-Court, il n'y avait personne pour l'ouvrir, et les postillons ont dû faire un assez long détour pour aller gagner une autre porte. Cette petite contrariété a été prise fort gaiement par l'illustre compagnie, qui du reste n'était point attendue de ce côté.

Le Roi a examiné avec une attention particulière cette vieille et imposante résidence royale, création du cardinal Wolsey et théâtre de plus d'une scène tragique au temps de Henri VIII. C'est là que l'infortunée Jane Seymour, qui avait pris la place d'Anne de Boleyn, dont elle avait été dame d'honneur, mourut à la suite de ses couches.

Cette propriété a plus tard appartenu à Cromwell; puis elle est rentrée dans le domaine de la couronne. Elle fut donnée comme résidence à l'ancien stathouder Guillaume lorsqu'il chercha un refuge en Angleterre, après avoir été expulsé de Hollande en 1795. Ce prince, qui a été depuis roi de Hollande, et qui est mort sous le nom de comte de Nassau, après avoir abdiqué en faveur de son fils, maintenant roi des Pays-Bas, a long-temps habité ce château, devenu aujourd'hui le Versailles de l'Angleterre. Les jardins y sont distribués et plantés à peu près dans le même style que celui du chef-d'œuvre de Lenôtre. Le palais est moins étendu que l'ancienne résidence de Louis XIV et ne renferme pas autant d'objets d'art que notre riche musée historique; mais il est, comme autrefois Versailles, habité par d'anciennes personnes de la cour, et les ouvrages d'art qu'il contient sont d'une valeur inappréciable. Ce sont principalement les cartons que Raphaël avait composés pour le pape Léon X, et qui, envoyés en Belgique pour être exécutés en tapisserie, furent achetés par Charles Ier sur la proposition de Rubens.

Le Roi admira long-temps ces chefs-d'œuvre, dont le temps a effacé quelques parties, mais où la pureté des contours rappelle sans cesse la main habile qui seule a pu les tracer. S. M. a prêté aussi son attention à quelques autres ouvrages d'anciens maîtres qui ornent cette collection.

Une grande partie du château est abandonnée par la couronne à plusieurs dames de la cour qui ont des titres à cette munificence royale. La veuve du marquis de Wellesley, anciennement gouverneur-général des Indes, puis vice-roi d'Irlande, occupe un des principaux appartements de ce palais.

Après avoir montré les chefs-d'œuvre de l'art, le cicerone ordinaire de Hampton-Court ne manque jamais de vous faire voir ce qu'il appelle une des merveilles de la nature. Il s'agit d'un cep de vigne qui remplit à lui seul la serre aux raisins (grape-house). Ce pied de vigne colossal, qui produit du raisin noir, connu des jardiniers sous le nom de raisin de Hambourg, a rapporté dans une seule année jusqu'à 2,200 grappes de raisin, pesant chacune environ un demi-kilogramme.

En quittant Hampton-Court LL. MM. se sont dirigées vers Claremont-House, charmante habitation qui appartient au roi des Belges. Elle fut achetée par le gouvernement en 1816 et donnée comme résidence au prince Léopold, qui venait d'épouser

[1] Cette princesse se trouvait alors dans le comté de Worcester.

la princesse Charlotte, fille de Georges IV. A la mort de cette princesse, le prince resta possesseur de Claremont, et, quoiqu'il soit monté depuis sur le trône de Belgique, il n'a pas cessé de conserver cette propriété, qu'il affectionne et qu'il entretient avec autant de luxe et de soin que s'il l'habitait toujours.

La construction du château est due au talent de M. Browne, architecte, et à la munificence de lord Clive, qui dépensa 100,000 livres sterling (2,500,000 francs) pour en faire un séjour digne de son immense fortune. Les bâtiments n'en sont pas très-étendus, ils occupent une superficie de quarante mètres environ de longueur sur une profondeur de trente, et se composent d'un beau péristyle faisant saillie et de deux ailes de bâtiments ayant deux étages. On arrive au péristyle par un large perron en pierres blanches. Au-devant est un vaste gazon orné de corbeilles de fleurs. Les allées en sont assez spacieuses pour permettre aux voitures de circuler devant la maison et jusque dans le milieu des parterres. C'est ainsi que le char-à-bancs qui avait amené LL. MM. était entré, conduit par quatre chevaux, jusque dans l'enceinte réservée du parc, qui est, comme la plupart des parcs d'Angleterre, entourée d'une grille en fer mobile et presque imperceptible. Plus loin, la vue s'étend sur d'admirables prairies ombragées çà et là par des groupes d'arbres séculaires. De chaque côté sont des massifs d'arbustes exotiques dont les formes sphéroïdales font valoir les lignes droites de l'architecture.

Le Roi monta les degrés du péristyle en donnant le bras à la Reine. Il portait un pardessus de couleur claire pour se garantir de la fraîcheur et de l'humidité. Plusieurs personnes notables du voisinage avaient été admises dans le parc de Claremont-House pour assister à l'arrivée de LL. MM.

L'intérieur de ce palais est meublé avec une élégante simplicité, qui atteste le meilleur goût. Le Roi en visita les divers appartements. En l'absence du roi Léopold, la Reine fit elle-même les honneurs de cette habitation. Une collation avait été préparée pour LL. MM., dont l'appétit était très-aiguisé par le grand air et l'exercice. Le repas fut court. Après ce *luncheon*, LL. MM. remontèrent en voiture pour retourner à Windsor.

Dans cette promenade de près de quarante milles à travers des parcs royaux et particuliers qui se succèdent presque sans interruption, le Roi a été reçu partout avec des marques de respect et de sympathie. A Staines, limite du comté de Middlesex sur la grande route de l'ouest, à Twickenham, à Hampton-Court, à Claremont-House, la population s'était portée à la rencontre de LL. MM., et avait chaleureusement exprimé sa joie au moment de leur passage.

Mais c'est surtout à leur retour que l'enthousiasme a éclaté plus vivement encore. Long-temps avant qu'on ne les attendît, de nombreux groupes de personnes appartenant à toutes les classes de la société s'étaient réunis aux abords de l'entrée du parc. Dans cette foule, on ne s'entretenait que de l'arrivée du Roi en Angleterre et des différents épisodes de son voyage. On paraissait n'y être animé que d'un seul sentiment. Aussi, lorsque la voiture où le monarque était placé près de la Reine vint à passer pour rentrer par la grille de Windsor, les hourras et les acclamations furent unanimes. Parmi ces cris l'on distinguait surtout celui de *Vive le Roi!* prononcé avec un accent tout britannique. C'était une marque d'enthousiasme à laquelle le Roi ne pouvait pas être insensible, car il n'ignorait pas que dans cette foule très-peu de personnes parlaient français, et que le cri que toutes faisaient entendre en même temps avait été appris à l'instant même, afin de lui montrer plus de déférence en s'exprimant dans sa propre langue. Il y avait là un raffinement de délicatesse qu'on ne serait pas surpris de rencontrer dans un salon, mais qui a peut-être lieu d'étonner lorsqu'on se trouve sur la place publique.

Parties avant onze heures du matin, LL. MM. ne sont rentrées au château qu'à six heures après midi. Elles paraissaient l'une et l'autre ravies de leur excursion. A leur arrivée, elles ont trouvé le duc de Cambridge et son gendre, le duc héréditaire de Mecklembourg-Strelitz; ces deux princes étaient allés au bas de l'escalier, au-devant du Roi et de la Reine. Après les compliments d'usage on monta au salon, où la Reine présenta au Roi la duchesse de Cambridge et la duchesse de Mecklembourg-Strelitz. A son tour, le Roi présenta à LL. AA. monseigneur le duc de Montpensier.

Le dîner a été servi, comme la veille, avec une grande magnificence dans la salle Saint-Georges. Le Roi fit, selon son habitude, de grands frais d'amabilité avec ses nouveaux convives. Pendant le repas, la musique militaire vint de temps en temps couvrir ou plutôt suspendre la conversation.

La soirée a été partagée entre le charme d'un entretien plein d'abandon et les plaisirs d'une musique excellente. On exécuta à divers intervalles des morceaux de Beethoven, Mendelsohn-Bartholdy, Meyerbeer, Auber et Grétry.

CÉRÉMONIE DE L'INVESTITURE.

Le 11 octobre, dès le lever du soleil, le grand étendard d'Angleterre fut hissé, comme aux jours de grande solennité, au haut de la tour ronde qui domine le château de Windsor.

De bonne heure le Roi s'est promené sur la terrasse et a déjeuné dans ses appartements. Bientôt après, le maire de Windsor, les aldermen et les conseillers municipaux se sont rendus dans la salle d'attente, demandant à être admis près du Roi. A dix heures ils ont été introduits dans la salle du conseil. Le Roi était en noir et portait le grand cordon de la Légion-d'Honneur ; à sa gauche était son fils, le duc de Montpensier; M. Guizot à sa droite, et le comte de Saint-Aulaire derrière son souverain.

La corporation s'était rangée en cercle, en face du Roi, ayant à sa droite le greffier de la ville, qui a fait lecture de l'adresse suivante :

A S. M. Louis-Philippe, Roi des Français.

« Que l'humble adresse du maire, des aldermen et des bourgeois de New-Windsor (comté de Berks) assemblés en conseil, » plaise à Votre Majesté.

« Nous, loyaux et dévoués sujets de S. M. B., le maire, les aldermen et les bourgeois de l'antique bourg de New-Windsor, » prions respectueusement qu'il nous soit permis d'offrir à Votre Majesté l'expression de nos congratulations sincères et » cordiales sur l'heureuse arrivée de Votre Majesté en Angleterre pour visiter notre gracieuse souveraine dans notre ville, » depuis si long-temps favorisée de la présence des souverains de ce pays. La présence de Votre Majesté au château de Windsor » eût été en tout temps un sujet de vives félicitations, comme tendant à rendre plus forts les liens d'amitié qui unissent les » monarques justement populaires de deux des plus puissantes nations qui couvrent la face du globe. Mais nous avons tous » été si récemment témoins de la splendide et hospitalière réception faite à la Reine d'Angleterre par Votre Majesté et par » tous les membres de votre illustre famille, et du joyeux enthousiasme ressenti par tout le peuple français à l'occasion de la » visite de S. M. à votre palais, sur les côtes de Normandie, que nous sommes particulièrement charmés que Votre Majesté » ait eu l'intention de renouveler parmi nous cette réception cordiale et affectionnée qui est l'écho des applaudissements, de » cette expression universelle de dévouement et d'attachement qui saluèrent la présence de la Reine d'Angleterre durant son » séjour au château et dans les magnifiques environs d'Eu.

« Nous sentons, Sire, que c'est à la sagesse et à la vigueur des conseils de Votre Majesté, à vos efforts croissants pour les » véritables intérêts de la puissante et généreuse nation que la Providence a commise à vos soins, que doit être en grande » partie attribuée la tranquillité qui règne en Europe ; et nous osons prédire qu'en encourageant les relations personnelles et » amicales entre Votre Majesté et la souveraine de la Grande-Bretagne, Votre Majesté adopte le plus sûr moyen, non-seule- » ment de renforcer l'heureuse et stable alliance entre les deux pays, mais d'encourager les gouvernements des royaumes » voisins à maintenir réciproquement les relations amicales qui les unissent. Puisse Votre Majesté vivre de longues années, » pour cultiver avec notre gracieuse souveraine les arts de la paix! Puissent les efforts constants et zélés de Votre Majesté

» pour augmenter le bien-être général du genre humain être couronnés par l'attachement loyal et dévoué de toutes les classes
» du peuple brave et éclairé dont les destinées ont été placées sous le gouvernement sage et paternel de Votre Majesté! et
» puissent les deux puissants empires de la Grande-Bretagne et de la France être unis par des liens d'amitié et de concorde
» si indissolubles qu'ils assurent et perpétuent dans le monde entier les bienfaits d'une paix non interrompue.

» Donné au Guildhall dudit bourg, le 8 octobre de la huitième année du règne de notre maîtresse souveraine Victoria, par
» la grâce de Dieu, Reine du royaume-uni de la Grande-Bretagne et de l'Irlande, défenseur de la foi, dans l'an du Sei-
» gneur 1844, scellé du sceau ordinaire desdits maire, aldermen et bourgeois dudit bourg. »

Le greffier a remis alors l'adresse au maire, qui s'est agenouillé et l'a présentée au Roi. Le Roi l'a donnée à M. Guizot, et,
s'avançant un peu, il a répondu en ces termes :

« Mr. Mayor, Aldermen, and Burgesses of the borough of Windsor—I feel most grateful to her Majesty Queen Victoria for
having permitted you to present this address to me. I receive it with the most cordial thanks, impressed with the kind recep-
tion. I have met with from all classes of her Majesty's subjects since my arrival in this country. I was most happy last year to
perceive the sentiments of the French people, when her Majesty favoured me with a visit at Eu. I was most happy to entertain her Majesty under my own roof on that occasion, and rejoiced at the interchange of social feelings which then took
place. The union of France and England is of great importance to both nations, not from any wish of aggrandissement, but
for their reciprocal advantages.

» Our view should be PEACE, while we leave every other country in the possession of those blessings which it has pleased
Divine Providence to bestow on them.

» Happy I am that you appreciate my constant endeavours, assisted by a wise government at home, to promote the most
friendly and peaceful relations between the two countries. France as nothing to ask of England, and England has nothing
to ask of France, but cordial union. I thank you for this very kind address, and I consider it a privilege that I have had the
good fortune to express before you the sentiments with which my heart is filled. »

Ce discours a été traduit de la manière suivante :

» Monsieur le maire et messieurs les aldermen et bourgeois du bourg de Windsor,

» Je suis très-reconnaissant de ce que la Reine Victoria a bien voulu vous permettre de me présenter cette adresse. Je la
» reçois avec les remercîments les plus cordiaux. Je suis vivement touché du bon accueil que j'ai rencontré dans toutes les
» classes des sujets de S. M. depuis mon arrivée dans ce pays. J'ai été très-heureux l'année dernière de voir les sentiments du
» peuple français quand S. M. la Reine a bien voulu me visiter. J'ai été très-heureux de recevoir S. M. sous mon toit à cette
» occasion, et j'ai vu avec bonheur l'échange des sentiments amicaux si sincèrement manifestés. L'union de la France et de
» l'Angleterre est d'une grande importance pour les deux pays, non dans aucune vue d'agrandissement, mais pour les avan-
» tages réels qu'elle doit assurer à tous les deux.

» Mon but est le maintien de la paix, en laissant chaque pays en possession de ces bienfaits qu'il a plu à la divine Providence
» de lui accorder.

» Je suis heureux de voir que vous appréciez mes constants efforts, aidés par un sage gouvernement à l'intérieur, pour
» consolider les relations les plus amicales et les plus pacifiques entre les deux pays. La France n'a rien à demander à l'Angle-
» terre, et l'Angleterre n'a rien à demander à la France qu'une cordiale union. Je vous remercie de cette bonne adresse, et je
» regarde comme une bonne fortune d'avoir eu cette occasion d'exprimer les sentiments dont mon cœur est rempli. »

La corporation municipale s'est retirée profondément touchée de ces paroles nobles et bienveillantes.

Après la réception de cette adresse, le Roi, la Reine, le duc et la duchesse de Cambridge, le duc de Montpensier, le grand-
duc héréditaire et la grande-duchesse de Mecklembourg se sont rendus en voiture découverte aux jardins nouvellement créés
à Frogmore-Lodge, résidence de la duchesse de Kent, et sont ensuite revenus au château.

La journée a été bien remplie.

Dans l'après-midi a eu lieu la cérémonie de l'investiture de la Jarretière. Un chapitre du très-noble ordre avait été convoqué la veille; les chevaliers sont arrivés au palais de Windsor avant deux heures. A deux heures et demie tous les *chevaliers compagnons* étaient assemblés dans la salle des gardes, et MM. Hunter et Éde les revêtaient de leurs magnifiques manteaux de velours pourpre. Le prélat et le chancelier de l'ordre, l'évêque de Winchester et l'évêque d'Oxford portaient des manteaux de velours pourpre et l'insigne de l'ordre. L'archiviste, le roi d'armes et l'huissier de la Verge-Noire avaient leurs manteaux de satin cramoisi, et *Jarretière* [1], roi d'armes, tenait le sceptre. L'épée d'État était portée par l'huissier de la Verge-Noire.

S. A. R. madame la duchesse de Kent, mère de la Reine, le duc de Cambridge, le duc de Mecklembourg-Strelitz, le duc de Montpensier, les ministres, l'ambassadeur de France, les aides-de-camp du Roi, et tous les grands officiers de la maison de la Reine étaient réunis en grand uniforme dans la salle du trône. A trois heures la Reine, précédée par le grand chambellan et les lords de service, a fait son entrée dans la salle. Lady Canning et la comtesse de Gainsborough portaient la queue du riche manteau de velours de S. M., dont le front était orné d'une éblouissante couronne de diamants. S. M. a été conduite à un siége d'honneur placé à l'extrémité de la table.

Les chevaliers de l'ordre ont été alors introduits par le roi d'armes, et, précédés par lui, ils sont allés prendre leurs places autour de la table, par ordre de préséance et d'ancienneté. Le prélat de l'ordre était à la droite de la Reine, le chancelier à sa gauche, l'archiviste et l'huissier de la Verge-Noire au bout de la table. L'entrée des chevaliers en grand costume a présenté un spectacle magnifique. Le marquis de Westminster (lord Grosvenor) portait un diamant célèbre qui vaut, dit-on, 15,000 guinées (près de 400,000 francs), et à son épée un autre diamant massif, un des plus gros connus, pesant trente-six carats, et évalué à 20,000 livres sterling, ou 500,000 francs.

Le chancelier a alors annoncé à la Reine que sir Charles Young, *chevalier Jarretière*, roi d'armes principal, attendait à la porte, et demandait humblement d'être admis à prêter serment de premier héraut d'armes de ce très-noble ordre. *Jarretière*, dans son manteau, et portant la chaîne et l'insigne de ses fonctions, a été alors introduit par ordre de la Reine, et s'est agenouillé à côté de S. M. à gauche; le serment lui a été administré par le chancelier; *Jarretière*, se relevant, a fait hommage lige à sa souveraine, et, lui ayant baisé les mains, s'est retiré à sa place au bout de la table.

Le chancelier a donné lecture, par ordre de S. M., d'un nouveau statut qui dispense de l'exécution des statuts existants, autant qu'ils s'opposeraient à la présente élection, et décrète et ordonne que S. M. Louis-Philippe, Roi des Français, soit proclamé chevalier du très-noble ordre de la Jarretière, nonobstant tous statuts, réglements, règles et usages à ce contraires. Alors le prince Albert et le duc de Cambridge, les deux premiers chevaliers de l'ordre, et qui servaient de parrains au Roi des Français, sont allés chercher S. M. dans ses appartements et l'ont amenée à la salle du chapitre. Ils étaient précédés par *Jarretière*, premier roi d'armes, portant les insignes de l'ordre sur un coussin de velours cramoisi, et par l'huissier de la Verge-Noire. Le Roi, à son entrée dans la salle du chapitre, a été reçu par la Reine et les chevaliers debout, puis on l'a fait asseoir sur un siége d'honneur à la droite de la Reine. La Reine a alors annoncé au Roi des Français qu'il était déclaré élu chevalier du très-noble ordre de la Jarretière. *Jarretière*, à genoux, a présenté la jarretière à sa souveraine, et S. M., assistée du prince Albert et du duc de Cambridge, a agrafé la jarretière à la jambe gauche du Roi, pendant que le chancelier donnait lecture de l'admonition d'usage, ainsi conçue :

« En l'honneur de Dieu tout-puissant et en mémoire du bienheureux martyr saint Georges, attache à ta jambe, pour
» ta gloire, cette très-noble jarretière; porte-la comme le symbole de cet ordre très-illustre, qui ne doit être jamais oublié
» ni abandonné, afin que par là tu puisses être admonesté d'être courageux, et qu'ayant entrepris une juste guerre dans
» laquelle seul tu seras engagé, tu puisses demeurer ferme, combattre vaillamment, et vaincre courageusement et heu-
» reusement. »

---

[1] D'après les statuts de l'ordre, le quatrième officier prend le nom de *Garter* (Jarretière) et de roi d'armes, deux charges distinctes remplies par la même personne. *Garter* porte la verge et le sceptre lorsque le prélat est présent, il notifie l'élection des nouveaux chevaliers, assiste à leur installation, porte la jarretière aux princes étrangers. Il est le premier officier d'armes, le chef des hérauts.

Jarretière a ensuite présenté de la même manière le collier de l'ordre. La Reine, avec le même cérémonial, l'a placé sur l'épaule gauche du Roi, pendant que le chancelier prononçait l'admonition suivante :

« Porte ce ruban autour de ton cou, orné de l'image du bienheureux martyr et soldat du Christ, saint Georges ; par » l'exemple duquel animé, puisses-tu sortir triomphant de toutes épreuves, heureuses et malheureuses, de telle sorte qu'ayant » vaincu hardiment les ennemis du corps et de l'âme, tu puisses non-seulement recueillir la gloire de cette lutte passagère, » mais encore être couronné de la palme de la victoire éternelle. »

Après cette cérémonie, la Reine a donné l'accolade au Roi des Français. Le Roi a aussi embrassé ses deux parrains. Le Roi a reçu ensuite les félicitations de tous les chevaliers présents, faisant le tour de la table et échangeant avec chacun des poignées de main.

Les chevaliers du très-noble ordre présents étaient : S. A. R. le prince Albert, S. A. R. le duc de Cambridge, le duc de Rutland, le duc de Wellington, le marquis d'Anglesey, le duc de Devonshire, le marquis d'Exeter, le duc de Buccleugh, le marquis de Lansdowne, le marquis de Westminster, le duc de Beaufort, le duc de Buckingham et le marquis de Salisbury.

Cette scène splendide a produit un effet magique. Le Roi des Français avait l'air le plus noble, et la jeune Reine de la Grande-Bretagne a été d'une grâce admirable ; il était impossible de mieux concilier les prescriptions qu'ordonnaient les statuts de l'ordre avec la haute position du récipiendaire. La Reine Victoria a annoncé au Roi sa nomination de chevalier avec ce son de voix d'une douceur incomparable qui restera long-temps présent au souvenir de tous ceux qui l'ont entendu : jamais plus de grâce et d'amabilité n'avaient été réunies à plus de dignité et de grandeur.

Sur les degrés du trône, qui était derrière le siège occupé par la Reine, on remarquait M. Guizot et sir Robert Peel, le comte d'Aberdeen, l'amiral de Mackau, le général Athalin, le général de Rumigny, le colonel de Chabannes, le colonel Dumas, le comte de Jarnac et les autres personnages de la suite du Roi. A l'autre bout de la salle étaient, d'un côté, madame la duchesse de Kent, la duchesse de Cambridge et la grande-duchesse héréditaire de Mecklembourg-Strelitz, et, de l'autre côté, le duc de Montpensier avec le duc de Mecklembourg-Strelitz.

Auprès du Roi, pendant la cérémonie, se tenaient le vicomte Sydney, lord Ch. Wellesley et le capitaine Duncombe, qui, attachés spécialement au service de sa personne, l'avaient accompagné depuis ses appartements. Le Roi était en grand uniforme de lieutenant-général. La Reine, revêtue du manteau de l'ordre, portait en bracelet la fameuse devise : « *Honni soit qui mal y pense.* »

Louis-Philippe est le huitième monarque français qui ait cet ordre ; les sept rois qui l'ont porté avant lui sont : François Ier, Henri II, Charles IX, Henri III, Henri IV, Louis XVIII et Charles X. Les souverains régnants et les princes étrangers faisant partie de l'ordre sont : l'empereur de Russie, le roi de Prusse, le roi des Belges, le roi de Saxe, le roi de Wurtemberg, le duc régnant de Saxe-Meiningen et le prince de Leiningen.

Après la cérémonie les chevaliers se sont retirés, en commençant par les plus anciens de l'ordre, et chacun, en passant devant LL. MM., leur faisait des saluts prolongés. La Reine s'est ensuite levée, et, prenant le bras du Roi des Français, a reconduit S. M. jusqu'à ses appartements, suivie par son brillant cortége.

Un grand banquet a été donné le soir dans la salle Saint-Georges. Il y avait plus de cent invités, y compris les chevaliers et les fonctionnaires de l'ordre. La table principale était presque entièrement couverte d'or et de vermeil. Le magnifique candélabre de Saint-Georges, dont le tronc représente un chêne, et dont les branches étaient chargées de bougies, était en face de LL. MM. ; à la base sont quatre statuettes portant des boucliers où l'on voit les armes d'Angleterre, d'Ecosse et d'Irlande, et la plume du prince de Galles. Dans les angles sont des médaillons de Georges III, de Georges IV et de la reine Charlotte. La plupart des vases et des candélabres ont été exécutés d'après les dessins de Flaxman.

Les buffets étaient chargés de vaisselle magnifique ; sur l'un d'eux était le célèbre bijou de l'*Huma*. Cet oiseau est en or pur, orné de pierres précieuses, avec des perles dans les yeux et un collier de diamants. A son bec il tient un rubis enchâssé dans des perles. La queue, qui est déployée, est ornée de perles et de pierres précieuses. Ce trophée, conquis sur Typpo-Saëb, et

envoyé de l'Inde par le gouverneur-général, le marquis de Wellesley, ornait autrefois le trône des sultans de Mysore. La *coupe nationale*, dont le couvercle représente le combat de saint Georges et du dragon, était aussi sur un des buffets. Les statues des patrons des trois royaumes supportent la coupe, qui est surmontée de la couronne impériale enchâssée dans des diamants.

À sept heures la royale compagnie est entrée dans la salle. Le Roi des Français donnait le bras à la Reine. Le Roi portait l'uniforme de lieutenant-général, et pour la première fois les insignes de la Jarretière, avec le cordon bleu. M. le duc de Montpensier était en uniforme de capitaine d'artillerie, avec le simple ruban de la Légion-d'Honneur.

La Reine portait une robe de moire noire, avec les insignes de la Jarretière et une couronne de roses blanches sur la tête.

Le prince Albert était en uniforme de feld-maréchal, avec tous ses ordres, au milieu desquels on remarquait la grand'croix de la Légion-d'Honneur. Le duc de Cambridge portait l'uniforme de feld-maréchal; le prince de Mecklembourg-Strelitz celui de colonel de lanciers. Le duc de Devonshire, un des chevaliers de la Jarretière, se faisait remarquer par la magnificence de son costume et l'éclat de ses diamants. On sait que la décoration de la Jarretière peut être portée aussi riche qu'on le veut : c'est une affaire de goût et de fortune. Le comte de Liverpool, grand-maître de la maison de la Reine, a conduit LL. MM. à leurs sièges. S. A. R. M. le duc de Montpensier donnait le bras à S. A. R. la duchesse de Kent; S. A. R. le prince Albert à S. A. R. la duchesse de Cambridge, et S. A. R. le duc de Cambridge à S. A. R. la grande-duchesse héréditaire de Mecklembourg-Strelitz.

Pendant le dîner, la musique des fusiliers écossais a exécuté les morceaux suivants :

La *Marche de Victoria*, par Schultz; l'ouverture des *Diamants de la Couronne* d'Auber; l'ouverture du *Duc d'Olonne* d'Auber, et une *Polka* de Tolbecque.

Un concert a terminé cette brillante journée. La musique de la chambre de la Reine a exécuté l'ouverture du *Freyschütz* de Weber, l'ouverture de *Guillaume Tell* de Rossini, l'introduction du *Crociato* de Meyerbeer, et un choix d'airs français.

PRÉSENTATION ET LECTURE DE L'ADRESSE DE LA CITÉ DE LONDRES.

PRÉSENTATION ET LECTURE DE L'ADRESSE

DE LA CITÉ DE LONDRES.

Dans une séance tenue exprès, la corporation de la riche cité de Londres avait arrêté qu'une adresse de félicitation serait présentée au Roi des Français, et qu'elle lui serait portée à Windsor par une députation. Cette manifestation publique, approuvée du reste par la Reine, était empreinte d'un caractère qui allait au delà de la bienveillance et du respect. Quelquefois l'on avait vu le conseil commun de la Cité accueillir avec empressement à Guildhall des monarques étrangers et leur adresser des compliments flatteurs; mais, sortir de l'enceinte de la Cité et aller au loin offrir en corps leur hommage à un autre souverain que celui d'Angleterre, c'est ce que la corporation municipale de Londres n'avait point fait jusque-là. Aussi l'on a généralement regardé cette démarche comme ayant une véritable portée politique, quoique inspirée seulement par un sentiment de respectueuse affection.

Le 12 octobre, à deux heures de l'après-midi, la corporation de la cité de Londres s'est présentée aux portes de Windsor pour offrir ses hommages au Roi. Le cortége était superbe. On comptait dix-huit voitures, dont trois, celle du lord-maire et celles des schériffs sont d'une magnificence royale. La robe de drap d'or du lord-maire avec son grand collier, les robes rouges des conseillers, les livrées éclatantes des équipages, le riche costume des officiers de la corporation, dont un portait l'épée et un autre la masse, tout concourait à offrir un spectacle aussi varié qu'éblouissant. Une foule immense, que le chemin de fer avait jetée à Windsor, se pressait aux portes du château et sur tous les points d'où l'on pouvait apercevoir le cortége.

La députation se composait ainsi : le lord-maire, sir W. Magnay; les aldermen, sir Claudius Hunter, sir Peter Laurie, Farebrother, sir Chapmann Marshall, Humphrey, sir Georges Carroll, Farncomb et Challis; les schériffs, Hunter et Sydney; les officiers de la corporation : le *recorder* (greffier), l'honorable C.-E. Law, frère de lord Ellenborough; le chambellan, M. Brown; le *remembrancer* (archiviste de la Cité), M. Tyrell, et les quatre clercs de la Cité; M. Moon, qui a proposé l'adresse; M. Lawrence, qui l'a appuyée, et vingt-six conseillers municipaux.

En attendant que le Roi pût les recevoir, les membres de la corporation ont pris place à un banquet somptueux qui avait été préparé pour eux dans la salle des écoyers de la Reine.

A trois heures et demie la députation a été admise en présence du Roi dans le salon de Rubens. S. M. était entourée de ses deux ministres, M. Guizot et l'amiral Mackau; de M. le comte de Saint-Aulaire, son ambassadeur; de ses aides-de-camp, et de toutes les personnes de sa suite en grand uniforme.

Après avoir fait un profond salut, l'archiviste de la Cité s'est approché de S. M., et d'une voix sonore a lu l'adresse suivante :

A S. M. LOUIS-PHILIPPE, ROI DES FRANÇAIS.

L'Adresse du lord-maire, des aldermen et des communes de la Cité de Londres, assemblés en conseil commun.

« Plaise à Votre Majesté,

» Nous, le lord-maire, les *aldermen* et les communes de la Cité de Londres assemblés en conseil commun, nous approchons » de Votre Majesté pour lui offrir nos sincères félicitations à l'occasion de l'heureuse visite de Votre Majesté à notre bien- » aimée et gracieuse souveraine la Reine Victoria.

» Profondément intéressés dans tout événement qui est de nature à influencer le bien-être de l'Europe et de l'humanité,
» nous saluons avec une satisfaction particulière la présence de Votre Majesté dans ce pays comme un indice sûr et certain
» du mutuel bon vouloir et des sentiments réciproques de respect et de confiance qui subsistent entre deux puissantes nations,
» capables, par leur heureuse union et leurs efforts combinés sous la divine Providence, de conserver le bienfait de la paix
» aux nations de la terre.

» Nous désirons nous faire les organes auprès de Votre Majesté de ces sentiments que nous portons à la nation brave et
» éclairée sur laquelle vous régnez, et nous espérons ardemment que la précieuse vie de Votre Majesté sera long-temps
» conservée à votre pays, pour que vous continuiez à développer ses meilleurs intérêts et avec eux le bonheur général de
» l'humanité.

» Sire, vous visitez des lieux où le bonheur domestique le plus complet se trouve associé avec les plus hautes fonctions de
» la souveraineté pour retourner, après un court espace de temps, dans le sein d'une famille illustre et unie, pour y répandre
» les bienfaits du gouvernement paternel et pour y communiquer et y ressentir les jouissances inappréciables de la vie de
» famille. Nos vœux les plus sincères y suivront Votre Majesté. »

Le Roi a répondu :

» My lord mayor, aldermen and commons of the City of London,

» I receive with heartfelt satisfaction the Adress of congratulation which you have just presented to me by the gracious
authorisation of your beloved sovereign. In coming to offer to the Queen of these realms a proof of the sincere and unal-
terable friendship I bear to Her Majesty, I am happy to find that the City of London, that illustrious City, who holds so pro-
minent a place in the world and who represents interests of such magnitude, are coming to this royal residence, to manifest
to me sentiments so perfectly congenial to my own feelings and to the sense I entertain of my duties towards my country,
Europe and mankind.

» I am convinced, as you are, that peace and friendly relations between France and England are for two nations, made to
esteem and honour each other, a source of innumerable and equal advantages. The preservation of that good understanding
is at the same time a pledge of peace to the whole world, and secures the tranquil and regular progress of civilisation for the
benefit of all nations. I consider my cooperation in this holy work, under the protection of Divine Providence, as the mission
and the honour of my reign. Such has been the aim and object of all my efforts, and I trust that the Almighty will crown
them with success.

» I thank you in the name of France and in my own for this manifestation of your sentiments. They will be fully appreciated in my country, coupled as they are with the many tokens of friendship I have received from your gracious Sovereign.

» I thank you most cordially for your kind feelings towards myself and my family. The impression produced upon me by
the presentation of your Adress will never be effaced from my heart. »

Voici la traduction de ce discours, prononcé avec un accent anglais très-pur :

» Mylord maire, aldermen et communes de la Cité de Londres,

» Je reçois avec une satisfaction vivement sentie l'adresse de félicitations que vous venez de me présenter avec la gracieuse
» autorisation de votre bien-aimée souveraine. En venant offrir à la Reine de ces royaumes une preuve de la sincère et inal-
» térable amitié que je lui porte, je suis heureux de voir que la cité de Londres, qui tient une place si proéminente dans le
» monde, et qui représente des intérêts d'une telle grandeur, vienne dans cette royale résidence pour me manifester des
» sentiments si conformes aux miens et à la conscience que j'ai de mes devoirs envers mon pays, l'Europe et l'humanité.

» Je suis convaincu, comme vous l'êtes, que la paix et les relations amicales entre la France et l'Angleterre sont, pour deux
» nations faites pour s'estimer et s'honorer mutuellement, une source d'avantages égaux et innombrables. Le maintien de ce
» bon accord est en même temps un gage de paix pour le monde entier, et assure le progrès tranquille et régulier de la

» civilisation pour le bien de toutes les nations. Je considère ma coopération dans cette sainte œuvre, sous la protection de
» la divine Providence, comme la mission et l'honneur de mon règne. Tel a été le but et l'objet de tous mes efforts, et j'espère
» que le Tout-Puissant les couronnera du succès.

» Je vous remercie au nom de la France et au mien de cette manifestation de vos sentiments. Ils seront pleinement appré-
» ciés dans mon pays, associés qu'ils sont avec les nombreuses marques d'amitié que j'ai reçues de votre gracieuse souveraine.

» Je vous remercie très-cordialement de vos bons sentiments à mon égard et à l'égard de ma famille. L'impression produite
» sur moi par la présentation de votre adresse ne s'effacera jamais de mon cœur. »

Il serait difficile de décrire la sensation excitée par cette réponse du Roi. Le lord-maire et les conseillers municipaux
paraissaient ravis et donnaient des témoignages de la plus vive satisfaction. Le Roi s'est ensuite entretenu successivement avec
presque tous les membres de la députation.

Les compliments les plus affectueux ont été échangés pendant cet entretien.

S. M. a donné une cordiale poignée de main au maire en lui disant : « Je me souviens très-bien de votre père, monsieur
» Magnay; j'ai eu le plaisir de le voir autrefois à Mansion-House, quand il remplissait les éminentes fonctions dont vous vous
» acquittez si bien aujourd'hui. Je me souviens de lui avec beaucoup de plaisir, ainsi que de la manière honorable dont il me
» reçut alors. »

Le lord-maire, en remerciant S. M., lui a exprimé l'espoir que la cité de Londres pourrait le recevoir à Guildhall avant son
départ. « Je vous assure, a répondu le Roi, que, si j'avais le temps nécessaire, aucune étiquette ne m'empêcherait de me rendre
» à votre aimable invitation, mais mon temps est limité. J'aurais beaucoup de plaisir à revoir Guildhall, et Mansion-House,
» et Fishmonger's-Hall. »

Le lord-maire ayant exprimé toute la satisfaction qu'il ressentait de voir le Roi parler si bien des lieux qui étaient le plus
chers à la corporation de Londres, le Roi lui a dit en riant : « Eh! Magnay! je connais tous les quartiers de la Cité aussi bien
» que vous. »

Le Roi a reconnu le recorder, M. Law, fils de feu lord Ellenborough, et, lui donnant une poignée de main, il lui dit :
« Ah! monsieur Law, je suis charmé de vous voir ici. J'ai beaucoup connu en Amérique un de vos oncles, M. Thomas Law; il
» avait épousé une petite-fille du général Washington. »

Sir Claudius Hunter ayant été présenté, le Roi l'a pris pour sir Peter Laurie, et cette méprise a causé quelque hilarité, dont
S. M. a pris cordialement sa part. Le Roi a dit alors à sir Peter Laurie : « Ah! sir Peter, vous êtes une de mes anciennes con-
» naissances. Je me souviens d'avoir dîné avec vous à Fishmonger's-Hall, il y a bien long-temps de cela. Je suis charmé de
» vous revoir ici. »

Le Roi, apercevant aussi M. Moon, qui avait proposé l'adresse, lui a pris la main, et lui a dit : « Monsieur Moon, je vous
» connais parfaitement. Je sais quels encouragements vous donnez aux arts, et j'ai examiné avec beaucoup de plaisir vos
» superbes gravures. Je trouve aussi que vous faites d'excellents discours. »

Quand la députation a pris congé du Roi, S. M. a dit au lord-maire : « Je vous assure, mylord, que je suis on ne peut plus
» touché de cette marque de respect et de sympathie de vous et de vos concitoyens. J'espère que vous laisserez faire votre
» portrait pour moi. Je veux le mettre à Versailles pour rappeler le souvenir de cette excellente visite. »

Le Roi a laissé les citoyens de Londres dans le plus grand enchantement.

Après qu'il se fut retiré, l'assemblée est restée quelque temps encore dans le salon de Rubens. Des conversations se sont
engagées entre les ministres, les officiers du Roi et les représentants de la Cité.

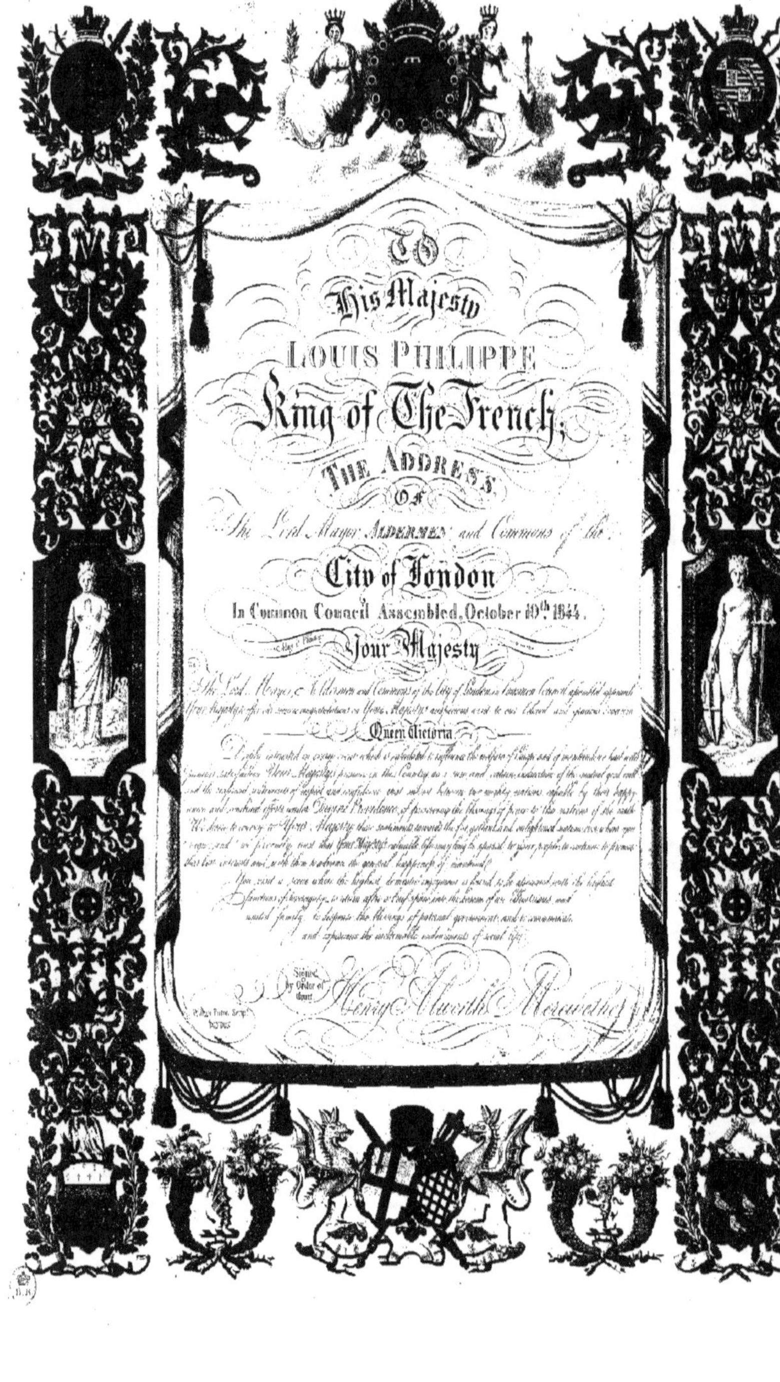
To
His Majesty
LOUIS PHILIPPE
King of The French,
THE ADDRESS
OF
The Lord Mayor Aldermen and Commons of the
City of London
In Common Council Assembled, October 10th 1844.
Your Majesty
Queen Victoria
Signed by Order of Court
Henry Woodthorpe Merewether

FAC-SIMILE DE L'ADRESSE

RÉDUIT AU QUART.

Le vote et la présentation de l'adresse de la corporation de la Cité au Roi des Français pendant son voyage en Angleterre n'a pas été l'effet d'un enthousiasme passager inspiré par la circonstance. Cette manifestation mûrement réfléchie doit être aussi durable qu'elle a été sincère. Pour ne laisser à ce sujet aucun doute sur ses intentions, le corps municipal de Londres a pris une délibération postérieure à la solennité de Windsor, et lorsque la personne de son premier magistrat, le lord-maire, avait été renouvelée par l'élection annuelle. Dans cette réunion nouvelle il fut décidé que l'adresse à laquelle le Roi venait de faire une réponse si bienveillante et si gracieuse serait transcrite sur une feuille de parchemin vélin, et ornée de tout ce que les arts du dessin et de la calligraphie peuvent offrir de plus parfait, pour être ensuite présentée au Roi comme un témoignage inaltérable de respect et de sympathie digne du monarque à qui elle devait être offerte.

L'adresse fut donc confiée à d'habiles artistes, qui employèrent plusieurs mois à exécuter les travaux dont on les avait chargés, et qui s'en sont acquittés avec talent. Lorsqu'elle fut terminée et encadrée richement, une députation la porta à l'ambassade de France, d'où elle devait être envoyée à sa destination. C'est ce qui est constaté dans les termes suivants sur les registres du greffe de Guildhall :

« Le vendredi 18 juillet 1845, l'adresse du conseil commun de la Cité a été portée et remise à S. E. M. le comte de Saint-
» Aulaire, ambassadeur à Londres, par M. l'alderman Francis Graham Moon *Esquire*, au nom de la corporation de la Cité. Il
» était accompagné du clerc de la ville, M. Henri Alworth Merewether *Esquire*, et de l'archiviste de la Cité, M. Edward
» Tyrrell *Esquire*. »

Peu de jours après, c'est-à-dire pendant la première quinzaine d'août, M. le comte de Saint-Aulaire, revenant ici en congé, a eu l'honneur de mettre sous les yeux du Roi cette nouvelle preuve de la persistance du corps municipal de Londres dans les sentiments qu'il avait exprimés l'année précédente.

Juste appréciateur de la sincérité des protestations amicales qui lui sont faites et du mérite des ouvrages d'art qui lui sont soumis, le Roi a reçu cette adresse illustrée avec une véritable satisfaction, et, la regardant comme un document historique et artistique à la fois, qui lui rappellera un des plus chers souvenirs de son voyage en Angleterre, il a ordonné qu'elle serait placée au château d'Eu dans la galerie consacrée à la mémoire de la visite de la Reine à ce château et de sa propre visite au château de Windsor.

Le public accueillera de son côté avec non moins de plaisir le *fac-simile* réduit de cette pièce, qui n'a été exposée ni à Londres ni à Paris, et qui ne sera visible désormais que par le petit nombre de personnes admises à visiter le château d'Eu.

Bien que les ornements dont elle est enrichie s'expliquent d'eux-mêmes à la première vue, on joindra ici une courte explication de leur ensemble et de leurs détails pour éviter toute méprise.

Le cadre où l'adresse est contenue est en bois sculpté et doré avec les armoiries en relief du Roi et de la Cité, et avec les chiffres de Louis-Philippe, de Victoria et d'Albert.

L'adresse est écrite sur le fond lisse d'une draperie couleur de parchemin, relevée aux coins supérieurs par des torsades et des glands dorés, et garnie d'une frange d'or. Cette draperie est dépliée en forme de manteau ducal.

L'encadrement qui l'entoure se compose de figures allégoriques, d'emblèmes, d'insignes et de blasons de diverses couleurs, reliés entre eux par des arabesques et des enroulements rehaussés d'or.

A la partie supérieure, vers le centre, entre deux figures de femmes assises, dont l'une représente la Paix et l'autre l'Abondance avec leurs attributs, se trouve placé l'écusson de la maison d'Orléans, composé de trois fleurs-de-lis barrées, ou, en termes héraldiques, *surmontées d'un lambel à trois pendants d'argent.* Le lambel au-dessus des fleurs-de-lis désigne la branche cadette des Bourbons. Cet écusson est entouré du grand collier de l'ordre de la Jarretière, avec l'image de saint Georges en médaillon. Il est surmonté d'une couronne fermée ou couronne royale, et il est en outre traversé en croix par le sceptre et la main de justice.

A droite on voit les armes de la Reine d'Angleterre, également surmontées d'une couronne royale et enlacées du ruban de l'ordre de la Jarretière avec la devise de l'ordre : Honni soit qui mal y pense. Au-dessous de l'écusson est écrit sur un ruban l'autre devise des armes d'Angleterre : Dieu et mon droit. Des branches d'olivier et de chêne s'élèvent de chaque côté des armoiries.

L'écusson du prince Albert occupe la gauche. Il est rempli mi-partie des armes d'Angleterre, mi-partie de celles des princes de Cobourg. Comme celui de la Reine Victoria, cet écusson est surmonté de la couronne royale et entouré du ruban de l'ordre de la Jarretière. La devise du bas est seule différente; elle est composée de ces trois mots allemands : Treu und Fest (loyal et fort).

Vers le milieu, de chaque côté, on distingue les figures de la Ville de Paris et de la Cité de Londres peintes en grisaille sur un fond d'azur. L'une et l'autre portent sur la tête une couronne murale. La première, près de laquelle est la proue d'un vaisseau, s'appuie la main droite sur une borne milliaire. La seconde tient d'une main un long glaive et pose l'autre sur un bouclier. Un lion endormi repose à ses pieds.

A la partie inférieure sont dans le centre les armes de la Cité de Londres et les armes du lord-maire alors en place, sir William Magnay, partagées en deux écussons, surmontées d'une toque ou mortier, et croisées par la masse et l'épée, attributs distinctifs du lord-maire. Au bas on lit cette devise latine : Domine, dirige nos (Seigneur, dirigez-nous).

Les armes du chambellan ou trésorier de la Cité, M. Browne, occupent la droite. Elles sont entourées de branches de chêne et portent comme devise ces mots latins : Ne sine causa (rien sans cause).

Les armes placées à gauche sont celles de l'archiviste de la Cité, M. Meerwether, le membre qui lut l'adresse au Roi lorsqu'elle lui fut présentée à Windsor. Elles sont encadrées, comme celles du chambellan, de branches de chêne, et portent pour devise ces mots latins : Vi et consilio (par la force et le conseil).

Entre les armes de la Cité et celles du chambellan se dessine, au milieu de deux cornes d'abondance, le cimier du casque héraldique de la Cité. A l'opposite se dessine de la même manière le cimier du casque héraldique de sir William Magnay.

Dans les enroulements de la partie supérieure on remarque de chaque côté une aigle, symbole de l'empire.

Au milieu des arabesques placées entre les camées des Villes de Paris et de Londres et les armes de la Reine d'Angleterre et du prince Albert, se déploient de chaque côté des drapeaux tricolores, et se détache la décoration de la Légion-d'Honneur vue sur ses deux faces.

Enfin au-dessous des camées on aperçoit, au milieu des mêmes arabesques, la plaque radiée de l'ordre de la Jarretière et le coq, emblème de la France.

Ces figures, ces armoiries, ces emblèmes et ces ornements, composés avec goût et exécutés avec talent, sont dus au pinceau de M. Dowse, dont les arts regrettent la perte récente. La calligraphie est tracée par M. Walter Paron, qui avait déjà reçu en 1840 une médaille du Roi comme récompense et comme encouragement pour d'autres travaux.

LE ROI AU COLLÈGE D'ÉTON.

LE ROI AU COLLÉGE D'ÉTON.

Immédiatement après la réception du conseil municipal de la Cité de Londres, vers quatre heures de l'après-midi, le Roi et la Reine ont quitté Windsor pour se rendre au collége d'Éton, situé de l'autre côté de la Tamise, et dont on aperçoit les bâtiments de la terrasse du château.

L'avant-veille, à la suite de la présentation du révérend M. Hodgson, principal de ce collége, le Roi avait promis d'aller visiter son établissement, et surtout sa bibliothèque, qui est très-estimée des savants en Angleterre. S. M. a voulu tenir promptement sa parole. On fit avancer les voitures de la cour, qui étaient au nombre de six, toutes calèches découvertes, à quatre chevaux. Les officiers des deux souverains accompagnaient ces voitures à cheval. Il y avait une affluence prodigieuse à toutes les avenues du château, et la foule témoignait de sa joie par des houras et des cris prolongés de *Vive le Roi!*

Le collége d'Éton est l'un des plus anciens de la Grande-Bretagne; sa fondation, comme séminaire, remonte à 1440, sous le règne de Henri VI. Déjà, vers le temps de la Renaissance, sa renommée était européenne. Plus tard, transformé en collége, il a soutenu sa vieille réputation, et il est sorti de son sein une foule d'hommes qui ont honoré leur pays dans la carrière des lettres, des sciences et des affaires publiques. Il suffit de rappeler les noms de Waller, d'Outred, de Chatham et de Fox.

Le voisinage d'Éton rendait cette promenade aussi agréable que facile. Les vieilles murailles du collége touchent presque à l'une des extrémités du parc de Windsor.

L'architecture du collége d'Éton porte l'empreinte de l'époque où il a été fondé, ou plutôt il en a conservé tout le caractère, car, dans toutes les réparations, en Angleterre on s'attache à une scrupuleuse imitation du passé; on copie jusqu'à l'apparence fruste des vieilles pierres.

La chapelle est surtout remarquable par son type gothique et religieux. Les autres bâtiments forment deux grands carrés, espèces de cloîtres dans l'origine. Le premier renferme les classes, la chapelle, les logements des maîtres et des écoliers. Le second se compose de la bibliothèque, des appartements du principal et des autres membres du collége.

Le cortége entra dans la première cour, où les écoliers, la tête découverte, étaient rangés sur deux files; au moment où LL. MM. descendirent de voiture, ils témoignèrent leur joie par les expressions du plus vif enthousiasme.

LL. MM. furent d'abord conduites dans la chambre d'élection, où tous les maîtres étaient assemblés. Là LL. MM. se mirent au balcon qui a vue sur la cour, et leur présence fut saluée par de nouvelles acclamations, qui se prolongèrent pendant plusieurs minutes.

Le révérend Francis Hodgson, principal de ce collége (*provost*); le révérend J.-S. Grover, vice-principal; le révérend John Wilder, associé (*fellow*); le révérend Edward Craven Hautrey, chef des études; le révérend Richard Okes, sous-chef des études, et les autres professeurs de cet établissement firent à LL. MM. les honneurs du collége d'Éton, célèbre entre tous ceux de la Grande-Bretagne, tant à cause de la jeunesse d'élite qui vient y faire ses études que par rapport à certains priviléges et à certaines immunités qui sont accordés à ses élèves à l'époque de leurs examens.

C'est au collége d'Éton que la plupart des jeunes gens appartenant aux familles opulentes de l'Angleterre viennent puiser leur instruction; c'est dans ce même collége qu'on reçoit gratuitement les enfants des familles nobles, mais peu fortunées.

Pour parer aux frais que nécessite l'entretien de ces enfants pauvres, un usage assez singulier a été introduit : à une certaine époque de l'année, tous les élèves du collége prennent avec différents costumes une besace, et vont processionnellement sur les routes voisines quêter auprès des passants ou des propriétaires de maisons, qui toujours répandent gracieusement et avec générosité des secours destinés à subvenir aux dépenses du collége. Grâce à cette coutume ancienne et traditionnelle, on recueille des sommes considérables qui ajoutent encore de nouveaux éléments de prospérité aux riches dotations dont cet établissement est pourvu.

L'illustre compagnie s'arrêta quelque temps dans les salles de la bibliothèque, qui est aussi bien choisie qu'elle est rangée dans un excellent ordre. Comme on devait s'y attendre, le Roi fut prié d'inscrire son nom sur le registre des visiteurs célèbres. S. M. se prêta de très-bonne grâce à cette demande : elle s'assit sur un simple banc placé devant une croisée, et là, sur le coin de la table, elle écrivit en français au-dessous de sa signature *Louis-Philippe* :

« Encore tout ému de l'accueil qu'il a reçu des professeurs de ce célèbre collége. »

La Reine d'Angleterre, le prince Albert et le duc de Wellington laissèrent aussi une mention de leur visite. S. M. B. était placée devant la table pendant que le Roi écrivait. Les autres personnages, groupés dans la même pièce, étaient confondus avec les divers membres du collége qui leur donnaient des explications, et qui se distinguaient des illustres visiteurs, vêtus en frac ou en redingote, par leurs longues robes et par leurs toques carrées.

Plus tard M. Guizot, qui n'avait pu assister à cette visite, fut invité à inscrire son nom sur le registre du collége : c'était un hommage rendu à son savoir plus encore qu'à son rang.

Avant de se retirer, LL. MM. demandèrent qu'un jour de congé fût accordé aux écoliers en mémoire de leur visite, ce que le principal accorda avec empressement.

Les hourras qui avaient accueilli la Reine et le Roi à leur arrivée se renouvelèrent au moment de leur départ et long-temps après.

Dans la matinée de ce même jour, le Roi avait reçu la députation de la *Société française de Bienfaisance* établie à Londres. La députation se composait des membres de la Société dont les noms suivent : MM. Durand de Saint-André et Vouillon, vice-présidents; MM. Grillon et Hubert, trésoriers; M. Gauthier, secrétaire, et MM. Devaux, Tourzel, Devin, Lucet, Baillière, Spiers, Brasseur, Caillard, Bourra, Le Bastard et Dubourg.

Le soir de cette journée il y a eu un grand banquet à la cour. La Reine est entrée à sept heures dans le salon qui précède la salle Saint-Georges, suivie de S. A. R. madame la duchesse de Gloucester, qui venait d'arriver au château. Le Roi s'est aussitôt approché de la princesse, et, après l'avoir saluée avec respect, lui a présenté M. le duc de Montpensier.

A table, le Roi était placé entre la Reine et madame la duchesse de Gloucester. La Reine avait à sa gauche M. le duc de Montpensier. M. Guizot était à la gauche de madame la duchesse de Gloucester, le prince Albert à sa droite.

Le jeune prince Édouard de Saxe-Weymar avait conduit à table madame la comtesse de Saint-Aulaire.

La musique des *blues* (cuirassiers de la garde) a exécuté plusieurs morceaux pendant le dîner.

Après le dîner, le Roi a présenté à la Reine et au prince Albert, qui l'ont accueilli avec la plus grande bienveillance, M. le vice-amiral de Lasusse, qui avait été invité au château.

Le Roi, reconnaissant parmi les personnes invitées lord Granville, ancien ambassadeur à Paris, lui a pris la main avec cordialité.

Voici le programme du concert :

Ouverture du *Calme de la Mer*, de Mendelssohn-Bartholdy;

Marche militaire, de Haydn;

Marche de la Fête travestie de la cour de Ferrare, à deux orchestres, de Giacomo Meyerbeer;

Finale de la *Symphonie en ut mineur*, de Beethoven;

Chœur et Prière de *Guillaume Tell*, de Rossini,

Andante et *allegro* de *l'Enlèvement du Sérail*, de Mozart;

Ouverture du *Jubilé*, de Weber.

LE DUC DE ... A L'ARSENAL DE WOOLWICH.

LE DUC DE MONTPENSIER

A L'ARSENAL DE WOOLWICH.

Dans la journée du 13, pendant que le Roi recevait les corporations de Londres, le duc de Montpensier, en sa qualité d'artilleur, rendait une visite à l'arsenal de Woolwich, dans lequel sont concentrées les principales ressources de l'artillerie anglaise pour la marine et pour l'armée de terre. Woolwich n'était autrefois, comme Deptford, qu'une espèce d'anse dans la Tamise, peuplée de quelques pêcheurs; et, comme Deptford aussi, Woolwich doit son importance à l'établissement d'un dock royal sous Henri VIII. Mais c'est surtout depuis que l'artillerie a joué un si grand rôle dans les dernières guerres que cet ancien hameau est devenu ville.

Elle est située à huit milles environ de Londres, sur la rive droite de la Tamise en descendant le fleuve. Ses chantiers, son arsenal, ses casernes, sont des établissements conçus et exécutés sur une grande échelle.

Dans cette visite, le prince était accompagné de son aide-de-camp, le colonel Thierry, du général comte de Rumigny, aide-de-camp du Roi, et de M. le colonel d'artillerie Wylde, aide-de-camp du prince Albert. Les nobles visiteurs sont arrivés à dix heures dans une voiture à quatre chevaux. A la descente de sa voiture, le prince fut reçu par le major-général James Weber Smith, directeur-général de l'artillerie; le colonel Cockburn, directeur des ateliers; le colonel Patterson, commandant de la garnison en l'absence du lieutenant-général Bloomfield; le colonel Lacy, directeur des équipages; le colonel Cleaveland, commandant des batteries de campagne; le colonel J.-E. Jones, adjudant-général; le colonel Mercier, de l'artillerie de la marine; le lieutenant-colonel Dansey, chevalier du Bain; les lieutenants-colonels Blachley et Durnford; les majors Hardinge, Sandilands; les capitaines Wingfield, Saint-Georges, Stowart, et plusieurs autres officiers.

Une batterie de campagne, composée de quatre pièces légères de six, stationnait sur le quai de l'Arsenal, sous le commandement du capitaine Robe. Elle salua l'arrivée du duc de Montpensier, et le drapeau de l'état-major fut hissé au haut de l'arsenal, où il resta déployé tout le temps de la visite de S. A. R.

Bientôt les chefs des différents services conduisirent le prince dans les diverses parties de l'arsenal, lui expliquant avec empressement les procédés de fabrication en usage, et faisant expérimenter leurs explications en sa présence. Dans cette entrevue, M. le duc de Montpensier a fait preuve des connaissances les plus variées et les plus approfondies.

Le prince commença sa visite par la fonderie de canons, qui lui fut montrée en détail par le lieutenant-colonel Dundas, chef de ce service. Il remarqua surtout une nouvelle machine fort ingénieuse, à l'aide de laquelle on remue aisément les plus gros calibres pour les changer de place.

De la fonderie S. A. R. passa aux ateliers de forage, où elle remarqua également plusieurs machines qui servent à exécuter cette opération avec autant de précision que de facilité. Chacun s'empressait de répondre aux questions du prince, qui étaient nombreuses et qui laissaient entrevoir qu'aucune connaissance relative à l'arme de l'artillerie ne lui est étrangère. On élargit en sa présence une pièce en fer de 24 pour en faire une pièce de 32 sans qu'elle perdît de sa solidité, parce qu'on s'est convaincu, par des expériences multipliées, que ce qui prévient l'éclat des pièces n'est nullement l'extrême épaisseur de leurs parois.

Le prince fut conduit ensuite dans le laboratoire où l'on confectionne les capsules (percussion caps). Il y put voir une machine qui fabrique toutes les pièces nécessaires, les assemble, et, lorsque les capsules sont achevées, les réunit, puis les divise en paquets et les emballe pour être expédiées à leur destination.

Dans la chambre des modèles, le prince s'arrêta devant les espèces de traîneaux qu'on avait inventés pendant la guerre du Canada pour transporter les pièces d'artillerie sur la neige.

S. A. R. visita encore l'atelier où l'on confectionne les cartouches à l'aide aussi de la mécanique, en sorte qu'il n'y a pas un grain de poudre dans les unes plus que dans les autres.

Les ateliers de charronnage et les divers magasins ne furent pas non plus négligés par le prince; il s'enquit partout des procédés qui sont particuliers à l'artillerie anglaise.

En revenant de l'arsenal, le prince et sa suite trouvèrent des chevaux de main que tenaient des soldats de l'artillerie. S. A. R. complimenta de nouveau les officiers qui venaient de lui montrer tant de complaisance. Enfin, elle monta à cheval devant le beau bâtiment des casernes d'artillerie (*artillery barracks*) et se rendit au champ de manœuvres et au polygone. Là, elle assista au tir de pièces de différents calibres et à celui d'un certain nombre de fusées à la Congrève. Ces tirs furent exécutés avec une grande justesse et à des distances assez considérables.

L'artillerie à cheval a ensuite exécuté plusieurs manœuvres de batteries attelées avec une rapidité et une précision remarquables.

La journée a été terminée par une collation offerte à M. le duc de Montpensier, collation où des toasts alternativement portés à la Reine d'Angleterre, au Roi des Français et à S. A. R. le duc de Montpensier, ont été accueillis avec enthousiasme. La plus franche cordialité a présidé à cette réunion fortuite de militaires appartenant presque tous à la même arme et faits pour s'apprécier mutuellement.

A son retour de l'arsenal de Woolwich, M. le duc de Montpensier a visité le télégraphe électrique établi le long du *Great Western rail-way*. S. A. R., qui se trouvait placée à la station de Paddington, a fait demander ce qui se passait à celle de Slough, distante de dix-huit milles. Il a été immédiatement répondu : « Le lord-maire et les aldermen de la Cité de Londres » sont dans la salle; ils sont enchantés de la réception qui leur a été faite à Windsor, et pleins d'admiration pour la réponse » que le Roi des Français leur a adressée en anglais. » D'autres réponses non moins étendues ont été faites presque instantanément, et une véritable conversation s'est établie entre les interlocuteurs, séparés par une distance de sept lieues, à peu près aussi active que s'ils eussent été en présence.

Le correspondant de la station de Slough a fait à plusieurs reprises, sur l'invitation qui lui en était faite, sonner immédiatement une sonnette établie dans la salle de la station de Paddington; il a aussi imprimé sur une feuille de papier placée sur un appareil dans cette salle des chiffres qui lui étaient demandés.

Le prince était revenu à Windsor pour l'heure du banquet, où il a été présenté à la duchesse de Gloucester, comme on l'a vu précédemment.

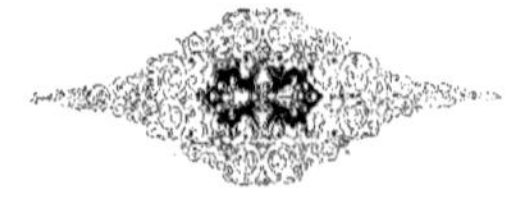

JOURNÉE DU DIMANCHE 13.

Ce jour, étant complétement consacré au repos en Angleterre, ne pouvait faire naître aucun incident, et ne devait fournir aucun sujet de dessin. On ne mentionne ici cette journée que pour ne pas laisser de lacune dans le récit du voyage du Roi.

Le matin le Roi, la Reine, le prince Albert et M. le duc de Montpensier ont fait une promenade à pied dans le voisinage du château.

A onze heures le Roi et M. le duc de Montpensier sont allés entendre la messe à deux milles environ de Windsor, dans la petite chapelle de Clewer, que le propriétaire du domaine, M. Riley de Forest-Hill, a fait décorer tout exprès, dans l'attente de la visite du Roi. M. l'amiral de Mackau, les quatre aides-de-camp du Roi, MM. les docteurs Fouquier et Pasquier, et M. Herbet, secrétaire de légation, accompagnaient S. A. R.

Le Roi a été reçu à l'entrée de la chapelle par le révérend J. Wilkinson, curé de la paroisse, et par M. Riley. S. M. a été conduite avec sa suite dans une tribune particulière, où un fauteuil et un prie-Dieu lui avaient été préparés. C'est dans cette tribune que S. M. la reine des Belges vient faire ses dévotions quand elle se trouve à Windsor.

Le Roi a offert à la chapelle un magnifique ostensoir en vermeil portant cette inscription : Donné a la chapelle catholique de Clewer par Louis-Philippe, Roi des Français, en MDCCCXLIV.

Plusieurs personnes avaient demandé des billets d'admission, afin d'avoir l'occasion de voir le Roi; mais il leur a été répondu qu'il n'était point convenable de choisir un pareil lieu ni un pareil jour pour satisfaire leur curiosité. Ces personnes attendirent le Roi à la sortie de la petite église, dans l'enceinte de laquelle se pressait la *gentry* catholique du voisinage. Le cortége royal a rencontré sur son passage une foule nombreuse accourue de toutes parts. Avant même que la voiture du Roi fût aperçue, tous les fronts étaient découverts. A cause de la solennité du dimanche, qui interdit toute espèce de manifestation, les personnes qui se trouvaient sur le passage du Roi se sont contentées de le saluer avec respect.

Il était une heure quand le Roi est revenu au château dans le carrosse à deux chevaux qui l'avait conduit à Clewer.

La chapelle catholique a la dimension d'un vaste salon. A droite de l'autel est une tribune pour les grands personnages. Le tout est très-simple, mais très-propre. Le curé a fait son prône comme à l'ordinaire. Il n'y a eu aucun discours adressé au Roi.

La Reine, le prince Albert, madame la duchesse de Gloucester, M. le prince Édouard de Saxe-Weymar, M. Guizot, lord Aberdeen, le duc de Wellington, etc., ont assisté au service dans la chapelle intérieure du château. Le révérend M. Courtenay a officié et a prononcé le sermon.

Malgré l'incertitude du temps, une foule considérable est accourue de Londres pour essayer de voir le Roi, qui devait faire une promenade dans le cours de l'après-midi. Mais une averse assez forte a contraint LL. MM. à interrompre leur promenade sur la terrasse et à rentrer dans les appartements.

Les plus illustres membres du parti whig étaient invités à dîner : lord Melbourne, lord John Russell, lord Beauvale, frère de lord Melbourne et ambassadeur à Vienne. Lord Ellenborough, l'ancien gouverneur-général des Indes, a reçu également une invitation. Le dîner était de cinquante-cinq couverts, et a été servi dans la salle Saint-Georges.

Voici la liste complète des personnes qui ont pris part à ce banquet :

La Reine, S. M. Louis-Philippe, S. A. R. le prince Albert ;

S. A. R. la duchesse de Gloucester, S. A. R. la duchesse de Kent, S. A. R. le duc de Montpensier, S. A. R. le prince Édouard de Saxe-Weymar, la dame d'honneur de service près la duchesse de Gloucester, la dame d'honneur de service près la duchesse de Kent, deux filles d'honneur, le comte et la comtesse de Saint-Aulaire, le marquis d'Exeter, le comte de Liverpool, le comte Delawarr, le comte de Jersey, le comte d'Aberdeen, sir Robert Peel, le vicomte Melbourne, la comtesse Joséphine Wratislaw, lord et lady Beauvale, lord et lady John Russell, lord Ellenborough ;

M. Guizot, l'amiral de Mackau, le comte de Jarnac, le général Athalin, le général de Rumigny, le comte de Chabannes, le colonel Dumas, le colonel Thierry, le baron Fain, M. Fouquier, M. Pasquier, M. Herbet, secrétaire de légation ; M. Hennequin, le capitaine Page, le capitaine Pellion, le capitaine Courtois d'Hurbal, le comte Lalaing d'Audenarde ;

M. Anson, sir James Clarke, médecin de la Reine ; l'honorable capitaine Liddell, l'honorable et révérend Charles Leslie Courtenay, le vicomte Sydney, lord Charles Wellesley, l'honorable capitaine Duncombe, ces trois derniers mis, comme on l'a dit déjà, à la disposition du Roi pendant son séjour en Angleterre ; les lords de service près de la Reine et de S. A. R. le prince Albert.

INTÉRIEUR DU CARROSSE DE LA REINE.

INTÉRIEUR DU CARROSSE (WAGON)
DE LA REINE.

Le 14 à midi le Roi devait partir de Windsor pour Portsmouth. La Reine et le prince Albert devaient accompagner S. M. jusqu'à bord du *Gomer*, où une collation leur serait servie. L'intention de la Reine et du prince Albert était de partir pour l'île de Wight; *le Gomer*, avec le reste de l'escadrille, devait lever l'ancre à cinq heures du soir.

Le duc de Wellington, lord-lieutenant du Hampshire, avait quitté dimanche le château de Windsor pour se rendre à Portsmouth et être présent à l'embarquement du Roi. Le mauvais temps a dérangé une grande partie de ces dispositions.

Cependant six voitures, chacune de quatre chevaux, avaient été disposées dans la cour d'honneur, sous le porche des appartements du Roi. Dans la première sont montés, à midi cinq minutes, le Roi, la Reine, qui avait voulu faire à son illustre visiteur les honneurs de son royaume jusqu'à Portsmouth, le duc de Montpensier et le prince Albert; dans la seconde, la comtesse de Gainsborough, dame d'honneur de la Reine, M. Guizot, l'amiral de Mackau et lord Liverpool, grand-chambellan; dans la troisième, M. le comte de Saint-Aulaire et trois aides-de-camp du Roi, MM. les généraux Athalin, de Rumigny, le colonel de Chabannes; dans la quatrième, MM. le colonel Dumas, le colonel Thierry, le comte de Jarnac, le baron Fain; dans la cinquième, M. le docteur Fouquier et M. le docteur Pasquier, M. Herbet, secrétaire de légation, et M. Hennequin, secrétaire particulier de M. Guizot; dans la sixième, MM. les capitaines Pellion et Page, le général Wemyss et le colonel Bouverie, écuyers de la Reine et du prince Albert.

Le cortège a défilé par la grande avenue du parc, longue de deux milles, et connue sous le nom de Long-Walk: sur l'esplanade où domine la statue colossale de Georges III, on a pris à gauche, et dans une clairière de la forêt on a pu jouir une dernière fois de la vue du château de Windsor et de ses imposantes tours. Au moment où l'on passait devant Virginia-Water, petit lac artificiel créé par Georges IV, les trois petits navires qui y sont stationnés se sont pavoisés et ont simulé un combat naval; les batteries et les tourelles perchées sur les mamelons d'alentour, et comme ensevelies dans l'épais fourré des bois, y ont joint leurs salves. Partout sur le chemin les habitants, accourus en foule, ont salué le Roi de leurs acclamations.

Avant de quitter Windsor, le Roi avait envoyé M. le comte de Chabannes à Witley-Court, avec de riches présents de la part du Roi pour la reine douairière, que l'état de sa santé a empêchée d'assister aux fêtes de Windsor. M. de Rabaudy, chancelier de l'ambassade, était parti aussi pour porter de magnifiques présents de S. M. à la princesse Sophia-Matilda, tante de la Reine.

Le Roi a en outre fait remettre des marques de sa munificence à plusieurs personnes de la maison de la Reine : les unes ont reçu des tabatières avec des chiffres, enrichies de diamants, d'autres des bijoux de prix.

Les Français malheureux qui se trouvent en Angleterre n'ont point été oubliés : S. M. a envoyé 10,000 francs à la Société qui leur distribue des secours; 4,000 francs ont été laissés pour les pauvres de Windsor.

Enfin 25,000 francs ont été répartis entre les gens de service.

De leur côté toutes les personnes qui avaient suivi le Roi ont exprimé aux grands-officiers de la maison de la Reine leurs remercîments pour les témoignages incessants d'infatigable obligeance qu'elles avaient reçus d'eux. Le grand-maître de la maison de S. M. B., le comte de Liverpool, a constamment entouré les personnes de la suite du Roi des attentions les plus délicates et les plus aimables. Le comte Delawarr, grand-chambellan, le comte de Jersey, grand-écuyer, et tous les autres gentilshommes de service auprès de la Reine ont rivalisé de politesse et de bons procédés envers leurs hôtes, et leur ont donné la plus grande idée de l'hospitalité de la nation anglaise.

Quoique la pluie n'eût pas cessé de tomber depuis le matin, la foule s'était portée partout sur le passage de LL. MM., et manifestait son enthousiasme d'une manière non équivoque. A midi et demi le cortége royal traversait le pont de Windsor, et aussitôt la locomotive qui sert de courrier partit comme une flèche pour prévenir les stations de la route. LL. MM. furent reçues à la station de Farnborough par M. Chapman, président de la compagnie du chemin de fer, et par les autres directeurs de cette compagnie. Les augustes voyageurs s'arrêtèrent quelque temps dans le salon qui leur avait été préparé, et louèrent le bon goût qui avait présidé à sa décoration.

A deux heures moins un quart le convoi était prêt à partir. Là, le Roi retrouva le carrosse de la Reine dont on lui avait fait les honneurs à son arrivée en Angleterre, ainsi qu'on l'a dit précédemment. Cette fois S. M. B. a pris place avec lui dans cette voiture; le prince Albert et le duc de Montpensier les accompagnaient.

L'intérieur de ce carrosse, mis par les administrateurs du South Western rail-way à la disposition de la Reine pour ses excursions à Portsmouth et à l'île de Wight, est aussi élégant qu'il est confortable. Il se divise en deux compartiments communiquant l'un avec l'autre par une porte ménagée dans la cloison qui les sépare. L'un de ces compartiments a trois mètres environ de longueur sur deux mètres et demi de largeur; il est destiné à la Reine et au prince Albert. L'autre, d'à peu près deux mètres et demi carrés, sert au transport de la jeune famille de S. M.

Les parois, bien matelassées, sont recouvertes d'un damas de soie blanche nuancée d'une teinte gris de perle. Les piqûres sont relevées en soie cramoisie; et de riches galons en soie blanche et cramoisie servent d'encadrement à cette riche tenture. Les ouvertures, pourvues de glaces dépolies et ornées d'arabesques gravées, sont encadrées de draperies avec des franges de la même nuance que le fond de la voiture. Les stores sont couleur fleur de pêcher. Au-dessous se trouve une tablette de marbre blanc fixée sur des consoles dorées. Sur le plafond, qui est tapissé d'une étoffe blanche moirée, se détachent aux quatre coins des couronnes d'or en relief autour desquelles s'enroulent les emblèmes des trois royaumes-unis : la rose pour l'Angleterre, le chardon pour l'Écosse, et le trèfle pour l'Irlande. Ces emblèmes sont brodés avec une rare perfection. Au centre est une lanterne dont le mécanisme ingénieux permet de ne laisser pénétrer sa lumière dans l'intérieur qu'au moment où l'on traverse les tunnels, ou bien quand il fait nuit. En arrière, de chaque côté de la porte de communication d'une chambre dans l'autre, sont fixés deux larges fauteuils piqués comme la tenture : c'est là que le Roi et la Reine étaient assis, causant avec familiarité tout le temps du voyage. De chaque côté est un autre siége en forme de *causeuse*, où le prince Albert et le duc de Montpensier avaient pris place. Sur le devant règne un divan dans toute la largeur de la voiture. Un beau tapis de la manufacture d'Axminster, parfaitement approprié pour les nuances aux teintes des autres étoffes, complète le luxe de cet ameublement.

Le petit salon des enfants est décoré à peu près dans le même style, quoique avec un peu plus de simplicité.

Ce carrosse, qui a été établi d'après les dessins de M. Joseph Battie, a coûté, dit-on, 1,500 livres sterling, ou 37,500 francs.

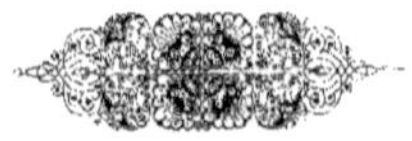

ARRIVÉE DU ROI A LA STATION DE GOSPORT

RETOUR DU ROI
A LA STATION DE GOSPORT.

C'est dans la voiture dont on vient de décrire l'intérieur que LL. MM. ont fait le trajet de Farnborough à Gosport. Dans l'espace d'une heure et demie environ, le convoi ne s'est arrêté qu'à la station de Basingstook, à peu près à moitié chemin. Ce lieu avait été décoré de guirlandes de laurier, au milieu desquelles on lisait diverses devises inspirées par la circonstance. Partout le drapeau tricolore était uni au drapeau anglais. A l'arrivée et au départ de LL. MM. on joua l'air national, et de nombreux applaudissements prouvèrent de nouveau combien, sur tous les points de l'Angleterre, on était satisfait de l'union parfaite des deux souverains.

Durant le voyage le temps était devenu encore plus mauvais qu'au moment où le cortége avait quitté Windsor. Le vent soufflait par rafales et la pluie tombait par torrents.

A l'extérieur, le carrosse de la Reine est en apparence divisé en trois caisses, quoique dans l'intérieur il n'en contienne réellement que deux, comme on vient de le dire. Vu en dehors, il semble se partager en une diligence au milieu et un coupé à chaque bout : c'est à peu de chose près la même forme que celle de nos voitures de première classe.

Les caisses sont peintes en couleur brun-rouge, comme la plupart des équipages de la Reine. Sur le panneau de la caisse du centre, qui ne s'ouvre pas, on remarque les armes d'Angleterre, c'est-à-dire un écusson soutenu par un lion et une licorne, avec cette devise : *Dieu et mon droit.* Les portières des coupés s'ouvrent seules et donnent accès soit dans le salon de la Reine, soit dans celui des enfants de S. M. ; elles n'ont aucun ornement peint ni sculpté; elles sont seulement garnies de boutons et de poignées en argent massif ciselé avec beaucoup de soin. La traverse qui sert de soubassement est décorée de divers enroulements, au milieu desquels sont reproduits les emblèmes des trois royaumes-unis. Le pourtour de l'impériale est garni d'une galerie découpée à jour, et au centre repose la couronne royale placée sur un coussin de velours.

Si le convoi ne s'arrêta ni à Winchester ni à Botley, LL. MM. n'en recueillirent pas moins les témoignages de respect des habitants de ces deux villes : des drapeaux flottaient à chaque maison, et, au moment de leur passage, la population fit retentir les airs des cris de : *Vive la Reine Victoria! Vive le Roi Louis-Philippe!*

En arrivant à la station de Gosport, qui avait été décorée de nouveau, le Roi s'est empressé de descendre afin d'offrir la main à la Reine. Après s'être arrêtées quelques instants dans la salle d'attente, ornée avec beaucoup de goût; après avoir parlé à la plupart des personnes qui avaient attendu l'arrivée du train royal, LL. MM. sont montées dans une voiture de la cour qui avait été envoyée à la station, et qui les conduisit jusqu'au magasin des vivres de la marine, lieu où le Roi était descendu en arrivant et où il devait se rembarquer au moment de son départ. Le ciel était de plus en plus sombre, et rien n'annonçait un changement dans l'atmosphère. Le vent augmentait au contraire de violence, et tout faisait présager une tempête des plus désastreuses.

HONNEURS MILITAIRES RENDUS AU ROI A GOSPORT.

HONNEURS MILITAIRES
RENDUS AU ROI A GOSPORT.

Lorsque, six jours auparavant, le Roi avait débarqué en Angleterre, on avait laissé à la marine le soin de la réception de S. M. Cette fois, au moment de son départ, c'était l'armée de terre qui devait plus particulièrement honorer son passage à Gosport. Dans ce dessein, le duc de Wellington était parti la veille, comme lord-lieutenant du Hampshire; il avait réuni les troupes et pris toutes les dispositions convenables pour l'arrivée de LL. MM.; mais ces préparatifs ont été contrariés par la plus épouvantable journée.

M. le comte Louis de Noailles, deuxième secrétaire de l'ambassade; M. le baron de Talleyrand, M. le comte de La Grange, attachés, et M. de Rabaudy, chancelier, étaient venus à Gosport pour rendre leurs devoirs à S. M. au moment de son embarquement.

Toutes les troupes de la garnison étaient sous les armes depuis le matin. Le duc de Wellington, en grand uniforme, à la tête de son état-major, attendait aussi l'arrivée de LL. MM. à la station de Gosport. Les soldats formaient une double haie depuis l'arc-de-triomphe en verdure élevé au chemin de fer jusqu'à *Royal Victualling Clarence yard*.

Le temps était affreux. Lorsque LL. MM. passèrent en voiture fermée à cause de l'ouragan, on leur porta les armes; mais là se bornèrent les démonstrations militaires, tant il était impossible de s'arrêter et de stationner plus long-temps dehors. Au moment de l'entrée de LL. MM. à Gosport, un long éclair sillonna la nue et alla se perdre à l'horizon; alors le vent et la pluie redoublèrent de furie. Les quais, couverts d'eau, formaient une espèce de lac.

Le cortége passé, on permit aux troupes de chercher un abri dans les vastes magasins de la marine.

De leur côté le Roi et la Reine, ainsi que les personnes de leur suite, étaient entrés dans la maison de M. Grant, garde-magasin général. A cet instant, la mer présentait un spectacle effrayant. Les préparatifs qui avaient été faits dans le port n'offraient plus que des débris. Pendant quelques instants on fit attendre les voitures, après quoi on les renvoya pour être remisées.

Le bruit se répandit alors que l'itinéraire était changé. En effet, il se tenait une espèce de conseil dans les appartements de M. Grant pour savoir quel parti l'on devait prendre. Les amiraux du port Rowley et Parker et le major-général sir Hercule Pakenham furent appelés dans le salon où LL. MM. étaient réunies avec le duc de Wellington, MM. Guizot, Mackau et de Saint-Aulaire. La question leur fut ainsi posée : le Roi doit-il, malgré la tempête, tenter de se rendre sur les côtes de France à bord du *Gomer?* ou doit-il retourner à Windsor avec la Reine et le prince Albert? Les avis furent partagés un moment, mais ils furent bientôt unanimes sur ce point : si le Roi se rembarque, il lui sera presque impossible de toucher à Tréport, cette partie du littoral étant inabordable par le gros temps. D'un autre côté, le Roi ne voulait pas que la reine des Français fût en proie aux inquiétudes d'une vaine attente. Pour la rassurer, il fut résolu qu'un bâtiment de l'escadrille française chercherait à se frayer un passage pour porter des nouvelles à la reine Marie-Amélie et lui faire connaître que le Roi devait se rendre à Londres par un convoi spécial du South Western, puis partir par un autre convoi sur le chemin de fer de Douvres, d'où il pourrait gagner Calais ou Boulogne, et de là suivre le chemin de terre jusqu'au château d'Eu. Toutefois, cette décision ne fut pas prise sur-le-champ, parce que le Roi n'entendait pas que d'autres courussent des dangers qu'il ne partagerait point. Pendant quelque temps encore les pourparlers continuèrent, et la pluie ne se ralentissait pas. Enfin, le parti étant définitivement arrêté, le duc de Wellington, le colonel Bouverie, M. le comte de Chabannes partirent immédiatement pour préparer le passage du Roi par Londres et Douvres, tandis que *le Cormaa* reçut la permission de prendre la mer.

En attendant le départ du Roi, on dressa à la hâte, dans la maison de M. Grant, un repas pour LL. MM., le duc de Montpensier et le prince Albert. Il fut convenu qu'après le dîner le Roi, son fils et leur suite partiraient par un convoi particulier pour Londres, et que la Reine ainsi que le prince Albert iraient passer la soirée et la nuit à bord de leur yacht, qui est amarré à l'abri de tous les vents dans une petite anse de l'autre côté de la jetée Victoria. Ce yacht devait le lendemain les conduire à l'île de Wight.

C'est dans la maison de M. Grant qu'ont eu lieu les adieux de la Reine et du Roi; ils ont été aussi affectueux que touchants. LL. MM. se sont séparées à sept heures et demie du soir.

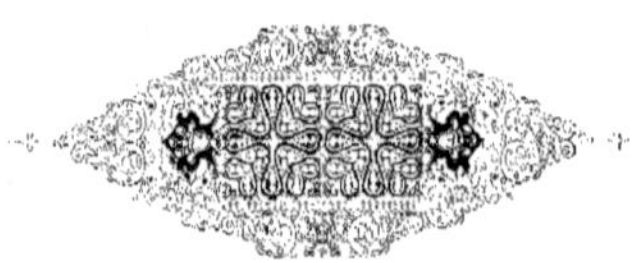

LE ROI A LA STATION DE NEW-CROSS.

LE ROI
A LA STATION DE NEWCROSS.

Après avoir échangé avec la Reine et le prince Albert les marques et les témoignages de la plus cordiale affection, le Roi quitta Gosport à huit heures du soir. Il était accompagné par le maire de cette ville, les ministres français, ses aides-de-camp et M. le comte de Jarnac. Le trajet sur le chemin de South Western fut rapide : on arriva à la station de Vauxhall à dix heures. Là se trouvait sir James Graham, ministre de l'intérieur, pour recevoir S. M. Des voitures de la cour avec une escorte de gardes du corps attendaient le Roi. S. M. fit monter avec elle sir James Graham, le duc de Montpensier et M. Guizot, et le cortége traversa une partie de Londres et des faubourgs pour se rendre à Newcross, première station du chemin de la capitale à Douvres et de plusieurs autres rails-ways.

C'était à une heure assez avancée que les directeurs du chemin de South Eastern avaient reçu la nouvelle inattendue qu'un train spécial était demandé pour le Roi des Français. Les préparatifs ont été faits à la hâte. La salle d'attente des voyageurs a été tendue de drap écarlate. Mais, au milieu de ces arrangements, un terrible incendie éclata dans une partie des ateliers. Il était neuf heures environ lorsqu'on s'est aperçu que le feu se faisait jour à travers le beau bâtiment octogone qui servait de magasin principal aux machines nécessaires à l'exploitation du chemin. Près d'une heure s'écoula avant que les pompiers arrivassent sur le théâtre de l'incendie, ce qui permit au feu de s'étendre à d'autres dépôts et à quelques wagons qui étaient remisés près de là. Lorsqu'on fut en mesure de combattre le progrès des flammes, elles avaient acquis une telle intensité qu'il n'y avait plus moyen d'éteindre ce foyer, et qu'il fallut se borner à circonscrire la portion qu'on n'avait plus aucun espoir de sauver.

C'est vers cet instant difficile que le Roi et sa suite arrivèrent dans plusieurs voitures royales et accompagnées de leur escorte à cheval. L'apparition de ce cortége sur ce lieu de désastre et dans ce moment de confusion a fait une impression profonde sur l'esprit des personnes qui en ont été témoins. Le contraste des larges ombres de la nuit avec les éruptions instantanées des flammes, les reflets rougeâtres de la combustion qui brillaient sur les casques et les armes des soldats, dont la silhouette se perdait dans les ténèbres, l'enthousiasme qu'excitait la présence du Roi, l'émotion des travailleurs et l'inquiétude générale, tout cela formait un ensemble d'oppositions qu'on ne reverra jamais sans doute.

La manœuvre, à laquelle chacun concourait indistinctement et avec la plus grande activité, fut suspendue sans que personne en eût donné l'ordre ni le signal. Pendant les quelques minutes que resta S. M. en attendant que le train qui devait la conduire à Douvres fût prêt, elle s'informa avec intérêt s'il n'était arrivé aucun accident grave aux personnes qui portaient secours et si les pertes de la compagnie se trouveraient compensées par des assurances. Le Roi parla dans des termes flatteurs à M. Cubitt, ingénieur de ce chemin et l'un des hommes les plus distingués dans ce genre de travaux en Angleterre. Il adressa aussi des paroles obligeantes et consolatrices aux personnes intéressées ou employées dans cette entreprise. Enfin S. M. se montra, dans cette triste circonstance, ce qu'elle avait été durant tout le cours de son voyage, affable et bienveillante.

Il était près de onze heures lorsqu'on vint annoncer au cortége royal que le convoi l'attendait pour le départ. Le Roi et sa suite montèrent en voiture. S. M. avait hâte de quitter ce lieu de désastre, où elle avait remarqué que sa présence interrompait des travaux qu'il importait de pousser rapidement. Tout flatteur qu'était le motif de cette interruption, il eût été dangereux d'en prolonger la durée. Le convoi partit aussitôt; puis les ingénieurs et les employés du chemin de fer allèrent rejoindre les autres travailleurs, et avec leur concours on finit par se rendre maître du feu.

EMBARQUEMENT A DOUVRES.

EMBARQUEMENT A DOUVRES.

Il était deux heures du matin lorsque le Roi arriva à Douvres par le convoi parti de Neweross. S. M. fut reçue à la station par le colonel Bouverie et M. le comte de Chabannes, qui avaient pris les devants pour faire les préparatifs nécessaires au séjour du Roi et à son embarquement. L'illustre voyageur et sa suite se rendirent immédiatement au *Ship-Hotel* (à l'hôtel du Vaisseau) pour y passer le reste de la nuit. Le premier soin du Roi fut d'écrire à la Reine Victoria une lettre pour lui annoncer son heureuse arrivée à Douvres. Cette lettre fut confiée au colonel Wemyss, qui avait accompagné S. M., et fut remise par lui le lendemain à la Reine.

Avant l'arrivée du Roi, M. le comte de Chabannes s'était fait conduire aux Dunes à bord d'un léger esquif, en vue d'ordonner à un bâtiment à vapeur français, *le Nord*, de se rendre à Douvres pour le voyage de S. M. Lorsqu'il eut installé le Roi à l'hôtel du Vaisseau, il s'embarqua pour Calais avec le colonel Bouverie, afin d'y annoncer le débarquement du Roi pour le lendemain entre une heure et deux, S. M. devant partir à onze heures.

De bonne heure, le matin, le Roi a reçu les autorités de Douvres. Des salves d'artillerie tirées du château avaient annoncé sa présence dans cette ville. Le maire, assisté du conseil municipal, a été admis près du Roi. La députation se composait de M. William Clarke, maire; du clerc de la ville, M. Ledge; de MM. Holmids, Cock, Court et Butley, aldermen, et de MM. Poole Danell, Mazer, Hunt, Kettle, Hollyer, Latham, Birch et Payne, conseillers municipaux.

Le clerc de la ville s'est avancé et a lu l'adresse suivante :

« Plaise à Votre Majesté,

» Nous, le maire, les aldermen et les bourgeois du bourg de Douvres, dans le comté de Kent, réunis en conseil, présentons » avec empressement à Votre Majesté nos remercîments cordiaux et sincères pour la visite que Votre Majesté a bien voulu » faire à notre gracieuse souveraine, et surtout pour l'honneur que Votre Majesté a fait à notre ancienne ville en la choisissant » comme point d'embarquement pour ses États. Nous saluons la visite de Votre Majesté comme un gage de la bonne intelli- » gence qui devrait toujours exister entre deux pays si intimement unis, et dont les intérêts réciproques se rattachent si » profondément au maintien de la paix. Nous sommes heureux de voir que l'invitation faite à Votre Majesté par notre » très-gracieuse souveraine a trouvé une sympathie sans mélange parmi toutes les classes de ses sujets. Puisse le Dieu tout- » puissant accorder à Votre Majesté un retour sûr dans son pays natal et une longue existence pour cultiver, d'accord avec » notre très-gracieuse souveraine, les arts de la paix !

» Donné sous notre sceau commun, à Douvres, le 15 octobre 1844.

» *Signé* W. CLARKE, *maire.* »

Le Roi a répondu :

« Mr. Mayor, Aldermen, and Burgesses of the ancient town of Dover. — I leave this country with my heart impressed with feelings of the warmest nature, but particularly as regards the general greeting and gratifications which have been extended to me by all classes of her Majesty's subjects, and all the many tokens of friendship and affection which I have received at the hands of her Majesty. They give me a favourable opportunity of manifesting towards England those sentiments of amity, peace, friendship, and union, which have ever been uppermost in my heart; and I am most happy to find those sentiments congenial to the wishes of the British nation; and I have no doubt but that they will be appreciated in my country. Two such nations, mutually calculated to be of so much advantage to each other, will, I trust, equally appreciate those earnest desires which I have so deeply at heart—sentiments which I have ever so deeply felt. »

Ces paroles peuvent se traduire ainsi :

« Monsieur le maire, messieurs les aldermen et bourgeois de l'ancienne cité de Douvres,

» Je quitte ce pays profondément touché de l'accueil que j'y ai reçu de toutes les classes des sujets de S. M. la Reine, et, » par-dessus tout, des nombreux gages d'amitié et d'affection que j'ai reçus de S. M. Ils me fournissent l'occasion favorable de » manifester à votre pays les sentiments d'amitié si essentiels au maintien de la paix et de la bonne intelligence entre les deux » pays, qui ont toujours été le but de ma politique. Je suis heureux de voir que ces sentiments sont conformes aux vœux de » la nation britannique, et je ne doute pas qu'ils soient appréciés dans mon pays.

» Deux nations pareilles, destinées à être d'un tel avantage l'une pour l'autre, apprécieront également, j'en suis sûr, ce que » j'ai si profondément à cœur, et ce que j'ai toujours ressenti si vivement. »

Après avoir prononcé ce discours, le Roi ayant aperçu un sténographe du *Morning-Chronicle*, lui adressa ces paroles :

« Si vous écrivez mes paroles, je suis heureux de vous dire que j'exprime mes véritables sentiments, et je vois avec plaisir » que vous les recueillez. »

En disant ces mots, le Roi a placé la main sur son cœur.

Puis, s'adressant au maire :

« Je connais Douvres, et depuis long-temps. Je suis très-reconnaissant envers le maire et le conseil municipal de la visite » qu'ils m'ont faite. Je suis fâché de n'avoir pas le temps de faire le tour de la ville. »

S. M. s'est alors retirée pour déjeuner; mais, voyant l'escalier et les couloirs remplis de dames, le Roi a dit aux domestiques : « Ouvrez les portes, je vois des dames! »

Le Roi s'est embarqué le mardi à Douvres entre dix et onze heures du matin. Au moment de l'embarquement, le vent soufflait avec une grande force, la mer était houleuse. Deux steamers anglais qui étaient partis en même temps que celui du Roi ont été forcés de revenir et n'ont pu rentrer qu'avec peine dans le port; mais *le Nord*, qui portait le Roi, a très-bien marché et dans la direction de Calais.

Toute la population de Douvres s'était portée sur la jetée, les quais, et sur les hauteurs qui entourent la ville. La troupe avait eu beaucoup de peine à laisser un espace vide pour le passage du Roi et des autorités municipales, qui l'ont accompagné jusqu'à l'embarcadère de son bâtiment. Avant de monter à bord, le Roi s'est retourné et a serré la main au maire de Douvres et à M. le lieutenant-colonel Rice Jones; puis S. M. a dit adieu à M. le comte de Jarnac, qui l'a accompagnée jusque sur le bâtiment, et elle a salué la population. A ce moment les plus bruyantes acclamations ont retenti dans les airs, et le Roi a répondu à ces démonstrations par des saluts d'adieu aussi nobles que touchants. Chacun faisait des vœux pour son

heureuse traversée. Long-temps les curieux sont restés sur les coteaux, armés de longues-vues, et ont suivi presque jusqu'à l'entrée du port de Calais le bâtiment qui portait l'hôte de l'Angleterre, le souverain illustre de la France.

Ainsi s'est terminée cette excursion rapide et si bien remplie sur le sol de la Grande-Bretagne. Chaque jour le Roi y a été l'objet des attentions les plus flatteuses de la part de la Reine et du prince Albert, des témoignages de respect et de cordialité de la part de plusieurs corporations municipales, et enfin des marques les moins équivoques de sympathie de la part des populations qui étaient accourues en foule sur son passage. Pendant les sept jours que S. M. a passés sur cette terre où la liberté de la pensée n'est gênée par aucune entrave, le langage de la presse ne s'est point écarté une seule fois du sentiment le plus parfait des convenances. Cette unanimité des journaux anglais n'a pas été l'un des traits les moins caractéristiques de ce voyage.

Bientôt l'équipage du *Nord* signala les côtes de France et aperçut distinctement la jetée de Calais.

JETÉE DE CALAIS.

ADIEUX DE LA REINE D'ANGLETERRE A LA MARINE FRANÇAISE.

ADIEUX DE LA REINE D'ANGLETERRE
A LA MARINE FRANÇAISE.

Avant de quitter le pays dans lequel il avait reçu une si cordiale hospitalité, le Roi se proposait de prendre congé de la Reine de la Grande-Bretagne à bord d'un vaisseau français, c'est-à-dire sur le territoire français. Des circonstances indépendantes de toute volonté humaine n'ont point permis au souverain de la France de recevoir sous les couleurs nationales la jeune et aimable Reine qui venait de lui donner tant de témoignages d'amitié. Ce contre-temps, quelque fâcheux qu'il ait pu paraître d'abord, a laissé moins de regrets par la grâce avec laquelle la Reine Victoria s'est rendue de son plein gré à bord du *Gomer*, au milieu de notre escadrille, pour faire ses adieux à la marine française.

Le mardi 15 octobre, à huit heures du matin, le yacht royal *Victoria and Albert* est sorti du port au milieu d'un tonnerre de salves d'artillerie, commencées par le *Victory*, suivies promptement par les batteries de la côte et les vaisseaux des escadres anglaise et française. Les salves françaises, qui se font en tirant à la fois tous les canons d'un bord, produisent un superbe effet. Les vaisseaux étaient magnifiquement décorés, les couleurs des deux nations flottant ensemble. Au moment où le signal de l'embarquement de S. M. avait été donné, toute l'escadre française s'était pavoisée. Un grand nombre de yachts et de bateaux à vapeur suivaient celui de la Reine. Quand le yacht royal approcha du *Gomer*, il arrêta ses machines; et la Reine, le prince Albert et leur suite descendirent dans une des chaloupes de l'Amirauté pour joindre le vaisseau français. S. M. fut reçue au bas de l'échelle par l'amiral de Lasusse; tous les capitaines de vaisseau et les officiers supérieurs français étaient rassemblés aussi pour la recevoir. Parmi les officiers présents étaient le baron de Laroncière, aide-de-camp de l'amiral, et le vicomte Duquesne, qui s'est si bien distingué à l'attaque de Mogador.

Quand la Reine mit le pied sur le pont, l'étendard royal anglais fut hissé; les soldats de marine présentèrent les armes: la musique joua le *God save the Queen!* et l'équipage poussa des cris de *Vive la Reine!* Au même moment le *Gomer* tira un coup de canon de signal, et tous les vaisseaux français y répondirent en faisant feu de toutes leurs pièces. La Reine, en arrivant sur le pont du *Gomer*, parut un peu surprise de la grandeur des dimensions de ce magnifique steamer. L'armement puissant de ce navire, ses canons d'énorme calibre, ses ponts couverts de soldats contrastaient avec l'apparence pacifique du yacht royal anglais, qui n'a pas un seul canon ni un seul soldat de marine. La Reine, qui n'avait jamais été sur un steamer de guerre de cette force, exprima à l'amiral de Lasusse tout son étonnement. S. M. se fit présenter les officiers français dont les bâtiments se trouvaient en ce moment-là présents dans les rades de Portsmouth et de Spithead : le commandant Laurencin, chef d'état-major; le capitaine Graeb, de *l'Inflexible*; le capitaine Hernoux, de *la Belle-Poule*; le commandant Goubin, du *Gomer*; le commandant Adolphe Bouët, du *Pluton*; le lieutenant de Maucroix, commandant le cutter *le Favori*, et le lieutenant comte d'Harcourt, commandant *la Reine-Amélie*. Chacun de ces officiers a été reçu par S. M. de la manière la plus gracieuse. La Reine a pris alors le bras de l'amiral, et elle est allée visiter les appartements du Roi. La seconde cabine est tendue de damas vert et ornée d'un portrait de la reine des Français par Winterhalter. C'était là que couchait le Roi. De chaque côté de l'escalier qui y mène sont deux cabines richement tendues en perse, dont l'une était occupée par le duc de Montpensier et l'autre par M. Guizot. De là la Reine est passée dans la salle à manger, qui occupe toute la longueur du bâtiment, et où peut être dressée une table de quarante personnes. Elle est tendue en damas écarlate du choix le plus magnifique. Ces pièces sont couvertes de tapis écarlates superbes. Au-dessous des appartements royaux sont les cabines des officiers.

Les éloges adressés par S. M. à l'amiral de Lasusse ont dû le flatter d'autant plus que c'est à lui qu'on est redevable des magnifiques arrangements faits sur *le Gomer* pour la réception du Roi. La Reine a examiné en détail tout le bâtiment. Ensuite, appuyée sur le bras de l'amiral, S. M. s'est promenée quelque temps sur le pont pendant qu'on jouait le *God save the Queen*; après quoi elle est descendue dans la cabine royale pour prendre un déjeuner préparé pour elle par les soins de l'amiral de Lasusse. Il était de la recherche la plus exquise. S. M. occupait le haut bout de la table, ayant à sa droite le prince Albert et à sa gauche l'amiral de Lasusse. Les quatre plus anciens capitaines, MM. Laurencin, Graeb, Hernoux et Goubin venaient ensuite. Le duc d'Harcourt, qui se trouvait à bord de *la Reine-Amélie*, commandée par son fils, était aussi au nombre des invités. En se levant pour quitter la table, la Reine porta la santé de S. M. le Roi Louis-Philippe. Le toast fut accueilli par une profonde inclination de tête de toutes les personnes présentes. Quelques moments après, S. M. a donné l'ordre d'apprêter son embarcation. On lui a rendu les mêmes honneurs qu'à son arrivée, et elle a été accompagnée jusqu'au bas de l'échelle par l'amiral français.

La mer était redevenue très-houleuse, mais la Reine restait dans son embarcation avec le plus grand calme, comme toujours, et, en arrivant à son yacht, elle en a monté l'échelle avec autant d'insouciance que si c'eût été le grand escalier de Windsor.

Peu de temps après est survenu un petit incident que les journaux ont mentionné. Au déjeuner du *Gomer*, la Reine avait remarqué et admiré des gâteaux magnifiques, d'énormes babas; l'amiral avait prié S. M. de permettre qu'on les lui envoyât. La Reine venait de rentrer à bord de son yacht quand un des hommes du *Gomer* apporta les gâteaux. S. M. se tenait en ce moment sur le pont, en robe noire, en chapeau noir et avec un grand châle rouge très-simple. N'imaginant pas que cette personne si modestement mise pût être la Reine, le marin français marcha droit à elle, lui présentant les gâteaux, en la priant de s'en charger. Cette méprise plaisante fit beaucoup rire la Reine et le prince Albert.

Le yacht s'est mis ensuite en route, passant à travers les vaisseaux français, qui saluaient de toutes leurs pièces, et dont les équipages poussaient successivement les cris de *Vive la Reine d'Angleterre!* S. M. était debout sur le pont, et répondait en saluant de la manière la plus gracieuse. Le yacht royal a poursuivi sa route, laissant toute l'escadre française enchantée de la visite de S. M., et dans l'admiration du courage et du sang-froid qu'elle avait montrés sur la mer, qui était très-mauvaise.

La veille, à Portsmouth, de nombreux dîners avaient été donnés pour célébrer la visite de la Reine, et un grand bal par souscription, très-splendide, réunissant l'élite de la ville et des environs, avait eu lieu le soir. A la table du lieutenant-gouverneur, sir Hercules Packenham, se trouvait, entre autres convives, sir Henri Pottinger, qui venait de la Chine. Le général Packenham a reçu à minuit la visite de l'amiral français baron de Lasusse, désireux de lui présenter ses hommages avant son départ. L'amiral a quitté l'hôtel après un chaleureux entretien, et, étant monté dans une embarcation, il s'est rendu à bord du *Gomer* à Spithead avec toute la rapidité dont seize bonnes rames sont susceptibles.

C'est ici le lieu de placer, quoique hors de sa date, le récit des fêtes que la ville de Portsmouth et les officiers de la marine anglaise présents dans ce port ont données aux officiers de l'escadre française, récit qui n'a pu trouver sa place dans la narration des événements auxquels le Roi a pris une part directe pendant son voyage en Angleterre.

Le bal donné le 11 par la ville de Portsmouth et les officiers anglais a été de la plus grande magnificence. La salle était décorée de la manière la plus splendide. Les transparents portant les initiales du Roi des Français et de la Reine d'Angleterre s'y confondaient de toutes parts. Le plafond surtout était l'objet de l'admiration générale. On y avait réuni les pavillons des deux nations, dont les couleurs se mêlaient harmonieusement. Le commandant en chef du port, l'amiral sir Charles Rowley, est arrivé à dix heures, et a été accueilli avec l'hymne national. *La Parisienne* a annoncé l'arrivée des principaux officiers français. Le vice-amiral de Lasusse était en grand uniforme et portait toutes ses décorations. Les contredanses et les valses,

coupées par des polkas, se sont succédé sans interruption. Les uniformes variés des officiers français et anglais formaient le coup d'œil le plus brillant.

Le lendemain 12 a eu lieu le banquet civique dans les salons de la Reine à Portsea. Plus de deux cent cinquante habitants des plus notables de Portsmouth se sont réunis pour faire honneur aux officiers français. Au bout de la salle était le portrait en pied de la Reine, ayant à sa gauche le drapeau tricolore, à sa droite le drapeau national. Le maire présidait le banquet. Le président a porté le toast à la Reine, qui a été accueilli avec trois fois trois hourras, au milieu desquels on distinguait la voix de plusieurs officiers français. L'orchestre jouait : *God save the Queen!* Le maire a proposé la santé de S. M. le Roi des Français. Ce toast a été accueilli avec d'immenses acclamations. Les dames, dans les galeries, agitaient leurs mouchoirs. Les officiers français les ont saluées. L'orchestre a joué *la Parisienne;* après quoi il y a eu une nouvelle salve et des battements de mains prolongés au milieu des cris de *Vive le Roi!*

Après les santés de la famille royale d'Angleterre, le président a porté ce toast : « A S. M. Marie-Amélie, reine des Français, » et aux autres membres de la famille royale de France! » Ce toast a été accueilli avec enthousiasme. L'orchestre a exécuté *la Parisienne*, qui a été suivie d'applaudissements prolongés. Le consul de France à Portsmouth, M. Van Derberg, s'est levé pour remercier de l'honneur fait à la reine des Français et à la famille royale. « C'est du fond du cœur, a-t-il dit, que je viens vous » remercier au nom de S. M. la reine et de la famille royale. Je suis sûr que S. M. apprendra avec plaisir et l'honneur que » vous lui faites et la réception dont le Roi des Français a été l'objet en Angleterre. Ce jour sera regardé en France comme » un grand jour. Vous pouvez être certains, Messieurs, que je ne manquerai pas de faire part à S. M. de cette démonstration, » dont je vous remercie en son nom. » (*Applaudissements.*)

Le contre-amiral Parker, intendant du port, avec la permission du président, a porté le toast suivant : « Au baron de » Mackau et à la marine française, et surtout aux officiers qui sont maintenant à table avec nous! » (*Applaudissements.*)

Le capitaine Hernoux, de *la Belle-Poule*, a adressé à l'assemblée des remerciments, et a porté un toast à lord Haddington, premier lord de l'Amirauté, et à la marine anglaise :

Le contre-amiral Parker : « Permettez-moi, Messieurs, de remercier mon ami, le capitaine Hernoux, de l'honneur qu'il » vient de faire à l'Amirauté et à la marine anglaise. J'espère que les marines de France et d'Angleterre resteront long-temps » amies comme elles le sont aujourd'hui. » (*Applaudissements prolongés.*)

Le major-général sir Hercules Packenham : « J'ai le bonheur de proposer un toast qui, j'en suis sûr, sera bien accueilli par » l'assemblée. Je suis heureux d'avoir vécu assez de temps pour voir le jour où il m'est permis de porter ce toast en toute » sincérité. J'ai à porter la santé du maréchal Soult et de l'armée française. (*Tonnerre d'applaudissements.*) Je n'ai pas la pré- » tention de tenter de faire ici l'éloge de la bravoure des armées françaises. Les plus brillantes pages de l'histoire sont illustrées » par leurs exploits, depuis les temps les plus reculés jusqu'à nos jours. L'accueil enthousiaste fait au duc de Dalmatie lorsqu'il » vint ici apporter à notre souveraine les félicitations de S. M. le Roi des Français m'est un sûr garant que vous accueillerez » ce toast avec plaisir. Je vous propose donc avec la plus entière confiance ce toast à ce héros distingué et à ses chevaleresques » camarades. » (*Acclamations générales.*)

Le capitaine Grann, de *l'Inflexible*, a parlé en français, et a exprimé toute sa reconnaissance pour l'honneur fait au duc de Dalmatie et aux armées françaises. Il a dit qu'il était charmé d'avoir à proposer en retour la santé du duc de Wellington et de la brave armée anglaise. Il s'est écrié : « Au duc de Wellington et à l'armée anglaise! »

Sir Hercules Packenham a remercié l'assemblée au nom du duc de Wellington, le commandant en chef de l'armée. « Le plus » souvent, a-t-il dit, ces remerciments sont des affaires de forme, mais nous nous trouvons dans des circonstances toutes » particulières : S. M. Louis-Philippe, Roi des Français, est en visite amicale auprès de notre gracieuse Reine, et, pour la » première fois depuis long-temps, les forces armées de l'Angleterre et de la France sont en présence l'une de l'autre dans un » état de parfaite amitié et de bonne intelligence. J'espère que cela pourra continuer long-temps pour l'avantage du monde » entier et pour le bien des deux pays. En même temps il ne faut pas supposer que les armées de France et d'Angleterre res- » teraient nécessairement sans occupation parce que cette heureuse paix ne serait pas rompue : il est de notoriété historique » que les améliorations les plus grandes et les plus rapides ont toujours été dues aux armées des peuples civilisés agissant » contre la barbarie. (*Écoutez! Écoutez!*)

» Les premiers éléments d'organisation sociale ont été introduits par les armées de Jules-César. Au lieu de cette belle et
» élégante société que nous avons au-dessus de nos têtes (*montrant les dames élégamment parées qui ornent les galeries*), à cette
» époque nos matrones et nos vierges se promenaient dans les bois, peintes en bleu relevé d'ocre. (*On rit.*) Que n'avons-nous
» pas fait nous-mêmes dans les Indes! Qui a porté ces contrées à leur état actuel de civilisation? Des hordes barbares, qui ne
» cessaient pas de s'attaquer et qui semaient aux alentours la dévastation, ont été subjuguées par nos armées. L'énergie endormie
» de l'Égypte a été réveillée par le grand Napoléon : car tous doivent reconnaître la prééminence de ce génie extraordinaire.
» (*On applaudit.*) Et maintenant, ce que nos troupes ont presque achevé dans l'Inde, les armées françaises sont en train de le
» faire dans le nord de l'Afrique. Ces grands projets doivent être nécessairement accompagnés de sérieuses difficultés, surtout
» à leur début; mais je ne doute pas que les armes de la France, sous la conduite de leurs nobles princes, ne finissent par en
» triompher. (*Vifs applaudissements.*) Quelque chose qui arrive, j'espère et je suis sûr que les armées des deux pays emploieront
» toujours ces grands efforts qui ennoblissent le plus l'espèce humaine à maintenir l'honneur de leurs souverains respectifs
» et le bien-être de leurs concitoyens. » (*Applaudissements prolongés.*)

M. Hoskyns, ancien maire de Portsmouth, a proposé le toast suivant : « A M. Guizot et à sir Robert Peel! Qu'il me soit
» permis, Messieurs, continue-t-il, de féliciter tous ceux qui sont ici sur le spectacle vraiment émouvant offert en ce moment
» à nos regards. Tout contribue à faire de cette réunion une scène d'un intérêt tout à fait extraordinaire. Nous sommes
» assemblés pour faire honneur aux braves et brillants officiers de la nation française qui sont aujourd'hui nos hôtes, et pour
» faire honneur en leurs personnes à la grande et intelligente nation à laquelle ils appartiennent. (*On applaudit.*) Au nom
» des habitants de Portsmouth, de cette assemblée, de la population du royaume et aussi de nos belles compatriotes, je leur
» offre la bienvenue la plus cordiale, la plus sincère et la plus empressée, sur les rives de la Grande-Bretagne. Il est
» doux pour l'ancien port et bourg de Portsmouth de voir ici se presser un grand nombre de nos nobles officiers de
» terre et de mer réunis pour prendre part à l'hospitalité que nous avons voulu donner à nos voisins du continent. (*On
applaudit.*)

» Il est doux aussi de voir les bannières nationales de France et d'Angleterre, les uniformes des armées de terre et de mer
» de ces deux grands pays et le costume simple et sévère des citoyens se confondre harmonieusement comme un emblème
» durable de cette union qui devrait subsister toujours, et de cette cordialité qui devrait toujours régner entre les officiers et
» les citoyens des deux nations. Les Anglais ne pouvaient se rappeler la bienveillante, cordiale et magnifique réception faite
» à notre très-gracieuse Reine par les Français lors de son voyage en France, sans désirer que S. M. Louis-Philippe, lorsqu'il
» honorerait notre territoire et notre Reine d'une visite, fût reçu avec des démonstrations de respect non moins ardentes et
» un accueil non moins enthousiaste. (*Écoutez!*)

» Les acclamations qui ont retenti dans les airs au débarquement de S. M. le Roi des Français ont exprimé les sentiments
» du peuple anglais. Ce banquet offert aux officiers distingués de Louis-Philippe n'exprime pas moins les sentimens dont
» sont animés les cœurs du peuple anglais pour la France. On ne saurait oublier la dignité, l'aisance, la cordialité et la bien-
» veillance avec lesquelles le Roi des Français a reçu l'adresse de la corporation de Portsmouth. Tous ceux qui ont entendu
» la réponse de cet auguste monarque, faite avec la bonté et la chaleur qui le caractérisent, n'oublieront jamais l'impression
» qu'ils en ont ressentie. Les sentiments exprimés dans cette réponse étaient dignes d'un roi. (*Applaudissements.*) C'était le
» produit d'une intelligence saine et éclairée, l'émanation d'un esprit large et profond, l'effusion d'un cœur chaud et généreux.
» Cette réponse nous a donné la conviction que le Roi avait en vue, dans son voyage en Angleterre, autre chose qu'une
» visite d'apparat, qu'une démonstration d'estime et de respect pour la personne de notre Reine bien-aimée; qu'il voulait
» encore que ce voyage tendît à un autre but plus élevé et plus noble, à savoir : cimenter les sentiments d'estime et de cor-
» dialité des deux grandes nations sur lesquelles règnent ces deux monarques. (*Applaudissements.*)

» Le Roi a fait ressortir l'importance et la nécessité pour la prospérité, le bien-être et le bonheur des deux nations, que la
» paix fût maintenue. Notre souveraine a prouvé qu'elle s'associait de grand cœur à ces sentiments, et je suis sûr que les
» habitants des deux pays partagent ces glorieux sentiments. Il est heureux que les conseils des monarchies de France et
» d'Angleterre soient dirigés par les deux hommes d'État distingués dont j'ai le plaisir de proclamer les noms. Lorsque je
» cite M. Guizot et sir Robert Peel, je suis sûr qu'avec moi vous reconnaissez en eux des hommes de la plus haute éminence

» et d'un honneur incontestable, et disposés à faire prévaloir autant que possible les vues patriotiques de leurs souverains » respectifs pour le maintien entre la France et l'Angleterre des bienfaits et des bénédictions d'une paix solide, durable et » honorable. » (*Applaudissements.*)

M. HOWARD, au nom des habitants de Portsmouth, a ensuite proposé la santé du vice-amiral baron de Lasusse, commandant en chef, et des officiers de l'escadre française mouillée dans le port. (*Applaudissements.*)

LE BARON DE LARONCIÈRE, aide-de-camp de l'amiral, a répondu à ce toast en langue française. Il a dit que l'amiral de Lasusse l'avait chargé d'exprimer son regret de ne pouvoir participer aux fêtes si généreusement données à l'escadre par le maire et les habitants de Portsmouth. M. de Laroncière a porté la santé de l'amiral sir C. Rowley, commandant en chef de Portsmouth.

LE CAPITAINE ROWLEY, fils de l'amiral, exprime le regret qu'a éprouvé son père, à cause du mauvais état de sa santé, de n'avoir pu s'associer aux fêtes et à la réception données aux officiers français ; il partage les sentiments et la sympathie exprimés dans cette circonstance. « Je reporterai à mon père, a-t-il dit, le toast qui vient d'être proposé, et qui ajoutera encore » à ses regrets. Quant à moi personnellement, je suis heureux et fier d'avoir été l'officier désigné pour recevoir S. M. Louis- » Philippe à son débarquement. »

M. VANDERRAID a proposé un toast au comte de Saint-Aulaire, représentant de la nation française en Angleterre, qui a été accueilli par des applaudissements.

M. BONER, capitaine du *Phaéton*, a proposé en français la santé du major-général sir H. Packenham, lieutenant-gouverneur de Portsmouth, et a fait l'éloge de ce brave officier, qui a donné des preuves nombreuses de sa valeur.

SIR H. PACKENHAM, après avoir remercié, a porté la santé du président du banquet, M. Édouard Casher, maire de Portsmouth.

LE PRÉSIDENT a répondu : « En vérité, messieurs, je pourrais douter de la réalité de ce qui se passe sous mes yeux, c'est-à- » dire de l'union des officiers français et anglais ; mais je n'en doute plus quand je me rappelle la réception faite par le Roi » des Français à moi-même et à la corporation de Portsmouth à bord du *Gomer*. En vérité, Louis-Philippe ressemblait plus, » dans cette cérémonie, au père d'une nation venu pour voir ses enfants qu'au puissant monarque d'un puissant royaume. » Il m'eût été difficile d'abord de distinguer le Roi au milieu des personnes qui l'entouraient, tant il y avait peu d'étiquette. » Vous n'auriez pas dit un roi, mais bien un d'entre nous, un gentleman anglais. Voisines l'une de l'autre, la France et » l'Angleterre, il faut l'espérer, continueront d'être de bonnes voisines. La population de Portsmouth est heureuse de recon- » naître, autant qu'il est en elle, la réception faite en France à la Reine Victoria, et nous n'aurions pas de cœur si tout » Français n'était maintenant assuré de trouver toujours à Portsmouth le meilleur accueil et la plus cordiale hospitalité. » (*Applaudissements.*)

LE COMTE DE VALMONT a proposé le toast suivant : « Aux vice-présidents, intendants et autres officiers et membres du comité » actif ! » et les a remerciés en français de la conduite hospitalière tenue à l'égard des officiers de l'escadre française au port, exprimant le vœu que le bon accord existant actuellement entre la France et l'Angleterre ne fût jamais troublé.

LE DOCTEUR SCOTT a répondu à ce toast.

LE CAPITAINE DRUDORNÉ, du *Caïman*, a proposé en français : « Au maire et aux habitants de Portsmouth et des environs. »

LE MAIRE a répondu à ce compliment.

M. RAWLINSON, greffier de la ville de Portsmouth, a pris la parole en ces termes : « Je regrette de ne m'être pas mieux » préparé pour porter le dernier toast qui doit être l'expression complète de cette réunion et de l'intention qu'a eue le pre- » mier homme de l'Europe en visitant ce pays, c'est-à-dire de la continuation de la bonne entente et de l'amitié entre les » deux pays. (*Bravo !*) Je n'ai pas eu, comme le capitaine Rowley, l'honneur de conduire le Roi des Français au rivage anglais, » mais j'ai eu l'honneur, que ne partagea jamais homme de mon rang, de m'adresser, dans un langage amical, à un Roi de » France descendant au milieu de nous. Les citoyens de Portsmouth ont été reçus comme les représentants d'un peuple éclairé » et ami par un homme qui doit son trône à l'intelligence d'une des nations les plus éclairées de l'Europe. On ne saurait se » former une idée de la touchante noblesse de sentiments et d'expressions qui animaient la réponse du Roi à notre adresse. » Les mots si bien choisis sont perdus, l'animation et la chaleur de celui qui les prononçait sont perdues ; mais moi, je n'ou- » blierai jamais l'impression que produisirent sur moi les paroles du Roi, alors que, parlant avec cette chaleur qui le carac-

» térise, il s'est écrié : « Je regarde l'entente cordiale entre les deux peuples comme la pierre fondamentale de l'arche qui
» supporte la paix du monde! » Cette expression devrait être gravée dans nos cœurs ; elle devrait être enregistrée dans les
» annales de notre pays. Y eut-il jamais une sentence plus belle et plus vraie prononcée par un Anglais? Je crois, avec le Roi
» des Français, que l'union des deux peuples les plus civilisés et les plus puissants du monde est la meilleure garantie de la
» liberté universelle. Dans tous les pays il y a toujours des brouillons, malheureux de voir se bien terminer les querelles
» accidentelles qui doivent nécessairement survenir; mais, avec le Roi des Français et les hommes qui composent son conseil,
» il n'y a pas de dangers à courir, et cet esprit de violence est dompté. Il est impossible que deux nations qui dépendent si
» étroitement l'une de l'autre veuillent rompre leur union, et on ne saurait trop le répéter avec le Roi : L'entente cordiale
» entre les deux peuples est la pierre fondamentale de l'arche qui supporte la paix du monde! »

Le greffier a proposé le toast suivant : « Puissent long-temps se perpétuer les bonnes relations entre la France et l'Angle-
» terre! » (*Bravos prolongés.*)

L'assemblée s'est séparée à dix heures.

DÉBARQUEMENT DU ROI A CALAIS.

DÉBARQUEMENT DU ROI A CALAIS.

Le 15 octobre, dès six heures du matin, M. le comte de Chabannes, aide-de-camp du Roi, et M. Page, capitaine de corvette, aide-de-camp de l'amiral Mackau, sont arrivés à Calais par le paquebot anglais *le Myrtle*, et ont annoncé aux autorités locales que le Roi débarquerait dans ce port à l'heure de la marée.

Une proclamation fit bientôt connaître cette bonne nouvelle aux habitants, et dès ce moment l'on put remarquer dans le port et dans la ville un mouvement inaccoutumé : les autorités et la garde nationale se disposaient pour la réception, les navires se pavoisaient dans le port et la rade. On prit enfin toutes les mesures pour que le débarquement pût s'effectuer dans les meilleures conditions. A midi le rappel se battait dans toutes les rues, et le carillon se faisait entendre comme aux jours de grande solennité. A une heure la garde nationale, la garnison, les préposés du service actif de la douane et la gendarmerie se rangèrent en bataille et formèrent une double haie depuis la porte de la Mer jusqu'au quai de débarquement. Tous les fonctionnaires publics s'étaient également rendus sur ce point.

A deux heures et demie le canon annonça la prochaine entrée du Roi dans le port, et immédiatement l'on vit arriver le paquebot français *le Nord*, capitaine Langlois, portant le pavillon royal, et derrière ce bâtiment le paquebot anglais *the Princess Alice*, capitaine Smithet, avec une grande partie de la suite du Roi.

Le port présentait en ce moment le spectacle le plus animé. Plus de dix mille personnes garnissaient les jetées, les quais, la Découverte et le mur du front nord de la ville. Les mâts, les cordages, les vergues des navires, les grues du quai étaient surchargés de monde, et, quand on aperçut distinctement le Roi, une immense acclamation partie de la foule qui se pressait de toutes parts couvrit un instant les détonations de l'artillerie.

Le bateau à vapeur *le Nord*, dont la proue est ornée d'un ours sculpté, fut bientôt amarré le long du quai. Alors le Roi traversa le pont de débarquement que le corps des rouleurs avait jeté et qui était orné de tapis, de draperies et de drapeaux tricolores. S. M. était suivie du duc de Montpensier, de M. Guizot, de l'amiral Mackau, etc. Elle fut reçue sur le bord du quai par M. le sous-préfet de Boulogne, prévenu à l'aide du télégraphe, et par M. le maire de la ville ; les tambours battaient aux champs, et la musique de la garde nationale exécutait *la Parisienne*, air symbolique de la *Révolution de Juillet*. S. M. était vêtue d'un paletot blanchâtre où les traces de l'eau salée se laissaient apercevoir, le Roi étant resté constamment sur le pont du paquebot par une assez grosse mer.

Après que le Roi et sa suite eurent traversé le pont de débarquement, S. M. s'avança sur le quai et trouva les autorités réunies pour le recevoir. Alors M. de Mentque, sous-préfet de Boulogne, lui a fait entendre la harangue suivante :

« SIRE,

» Nous saluons avec bonheur le retour de Votre Majesté sur la terre de France : un père bien-aimé qui reviendrait au sein de sa famille n'y trouverait pas de plus vifs sentiments d'allégresse.

» N'êtes-vous pas en effet, Sire, le père de la patrie? n'avez-vous pas veillé sur elle avec un dévouement sublime, auquel l'histoire consacrera ses plus belles pages? La haute sagesse de Votre Majesté ne l'a-t-elle pas préservée des orages, et ne l'a-t-elle pas fait jouir d'une prospérité jusqu'alors inouïe? En ajoutant encore à la gloire de ses armes, si vaillamment portées par vos nobles fils, dont la France est fière à tant de titres, vous lui avez conservé la paix avec la dignité nationale; la paix, ce plus précieux de tous les biens, celui qui réalise pour ainsi dire l'âge d'or de l'humanité.

« Sire, pendant votre absence, nous avons recueilli avec une profonde sympathie l'écho des acclamations qui ont salué Votre Majesté sur le sol ami de la Grande-Bretagne, près de son auguste souveraine, à laquelle nous offrons de loin nos respects et nos vœux reconnaissants.

« Sire, ce jour mémorable où Votre Majesté nous est rendue sera le plus beau dans les annales de la cité fidèle de Calais, et c'est dans toute l'effusion de nos cœurs que nous nous écrions : *Vive le Roi!* »

Pendant tout ce discours, le Roi est resté la tête découverte malgré un vent assez vif, et sa physionomie, en l'écoutant, était aussi attentive que pleine d'expression. Il y a répondu à peu près par les paroles suivantes, prononcées d'une voix ferme et accentuée, et qui ont été parfaitement entendues par presque toutes les personnes qui l'entouraient :

« Je suis heureux d'être débarqué à Calais; c'est une ville dont je connais la fidélité, et qui a donné à moi et à ma famille
» plus d'une marque d'attachement. Je suis heureux aussi, en remettant le pied sur le sol français, de rapporter avec moi de
» nouvelles assurances de paix et de bonne union avec nos voisins. »

Quatre ou cinq voitures attelées de quatre chevaux stationnaient sur le quai, et la première était déjà ouverte pour recevoir le Roi quand S. M. a fait connaître qu'elle désirait aller à pied avec les autorités jusqu'à l'hôtel Dessin. Cette résolution, une fois comprise par la foule, a été saluée d'unanimes *vivats*.

Le Roi ayant à ses côtés son fils, M. le maire de la ville et M. le sous-préfet de l'arrondissement, et derrière lui sa suite mêlée aux autorités, et une foule bruyante et pressée, parcourut à pied toute la rue de la Mer, le côté ouest de la place et la rue Royale jusqu'à l'hôtel Dessin. Le drapeau national flottait à toutes les fenêtres, qui étaient garnies de dames répondant aux acclamations en agitant leurs mouchoirs; la place et le perron de l'hôtel étaient couverts d'une foule compacte, arrivée du port par la rue du Havre, comme un torrent parallèle à celui qui venait de se précipiter par la porte et la rue de la Mer. Au balcon de l'Hôtel-de-Ville flottaient le drapeau tricolore et le pavillon anglais.

A peine arrivé à l'hôtel, le Roi a reçu successivement les corps civils, maritimes, militaires et religieux. M. Legros-Derot, maire de Calais, en présentant à S. M. les autorités civiles, a eu l'honneur de lui adresser une allocution chaleureuse qu'il a terminée par le cri de *Vive le Roi!* aussitôt répété par tous les assistants. La réponse de S. M. était empreinte de cette bonté et de cette raison élevée qui caractérise toutes ses paroles.

Bientôt après, le Roi et sa suite sont montés en voiture; mais, avant de quitter la ville, S. M. a laissé de nombreuses marques de sa munificence : les pauvres ont également béni la visite royale.

Dans les communes rurales que le Roi a traversées pour se rendre de Calais à Boulogne. S. M. a trouvé réunis les maires, les conseils municipaux et la garde nationale, qui l'ont saluée de leurs hommages et des cris de *Vive le Roi!* S. M. a bien voulu leur consacrer quelques instants. A six heures elle arrivait à Boulogne, escortée par la compagnie de la garde nationale à cheval, qui s'était portée à sa rencontre. Le premier adjoint, en l'absence du maire, le conseil municipal, le clergé, tous les fonctionnaires de l'ordre civil, judiciaire et militaire, attendaient le Roi aux portes de la ville. Des allocutions lui ont été adressées par le premier adjoint et par les présidents des tribunaux civil et de commerce.

Le Roi a répondu avec une affabilité qui a ému tous les cœurs. Voici à peu près ses paroles :

« Messieurs, je vous remercie des sentiments que vous m'exprimez et de l'appréciation que vous faites de ma constante
» sollicitude pour le bonheur de la France.

» Je vous remercie surtout de me parler de mes fils, qui sont la consolation de mes vieux jours. Ce sont aussi les fils de la
» patrie; comme moi ils lui appartiennent; elle trouvera en eux un dévouement sans bornes. »

S. M., malgré la fatigue du voyage, a traversé la ville à pied, et a passé la revue de la garde nationale. On peut croire combien la population en a été heureuse. La nuit étant survenue, des torches éclairaient cette scène de distance en distance.

A six heures et demie S. M. se dirigeait sur la ville d'Eu. Les acclamations ont retenti aussi loin que le Roi a pu les entendre.

RÉUNION DU ROI & DE LA REINE DES FRANÇAIS.

RÉUNION DU ROI

ET DE LA REINE DES FRANÇAIS.

Le Roi avait hâte de revenir au sein de sa famille. Il ne pouvait se dissimuler que chaque moment de retard devait causer de vives inquiétudes à la Reine. Peut-être les précautions qu'il avait prises pour qu'elle fût prévenue du changement de son itinéraire n'avaient-elles pas été couronnées de succès?

Le Roi ne se trompait pas entièrement dans ses conjectures. Dès le mardi matin, jour où son retour était attendu, la Reine avait quitté le château d'Eu et s'était dirigée vers Tréport pour être plus tôt informée du débarquement du Roi.

Une tente avait été dressée sur le rivage en vue de la rade, pour servir d'abri à la Reine et à sa suite, car le temps était pluvieux et le vent soufflait avec violence. Les troupes étaient sous les armes, et les habitants accourus pour fêter l'heureux retour du Roi partageaient la vive impatience de la Reine. Le temps s'écoulait et aucune voile, aucune trace de fumée n'apparaissait à l'horizon. La Reine était en proie à de sérieuses alarmes, et son anxiété gagnant de proche en proche commençait à s'emparer de tous les esprits. Un bateau-poste avait été envoyé au large, et il était revenu sans avoir rien découvert. Ce n'est qu'après une longue attente qu'on signala l'*Élan*, qui avait été expédié la veille au soir de Portsmouth, avec une lettre de S. M. pour faire savoir à la Reine que le Roi avait été obligé par la tempête de changer de route, et qu'il reviendrait par Calais et Boulogne.

Mais la Reine ignorait dans quel but l'*Élan* naviguait seul, et, bien que la vue de ce bâtiment donnât quelque espérance de nouvelles positives, toujours moins pénibles que l'incertitude, chacun eut le cœur serré jusqu'à ce que l'on connût l'objet spécial de sa mission.

Cependant un paquet fut apporté à la Reine, qui, jugeant du cœur des autres par le sien, s'empressa de communiquer aux personnes présentes le contenu de la lettre qu'elle venait de recevoir du Roi. Cette bonne nouvelle se répandit avec la rapidité de l'éclair, et en un instant tout le monde rendit grâce au ciel de ce qu'aucun sinistre n'était à redouter.

La Reine retourna immédiatement au château, et elle ne tarda point à prendre la détermination de se rendre au-devant du Roi par la route qu'il devait parcourir en revenant. Elle fut accompagnée par Madame Adélaïde; M. Martin (du Nord), ministre de la justice, et M. le général Friant suivirent ces deux princesses dans une autre voiture.

En arrivant à Abbeville, S. M. apprit, en changeant de chevaux, qu'une lettre du maître de poste de Calais avait transmis l'ordre de tenir des relais préparés pour les équipages du Roi. Cette circonstance engagea la Reine à poursuivre sa route dans la direction de Boulogne.

À Nouvion, S. M. fut informée que des chevaux avaient été commandés également, et elle continua son chemin.

Enfin, elle sut à Bernay que le maître de l'hôtel de la Poste avait reçu une lettre de M. le comte de Chabannes, qui ordonnait de tenir prêt à sept heures du soir un repas de seize couverts. Le moment approchait où l'arrivée du Roi était indiquée;

ce fut un motif déterminant pour attendre dans cette auberge. La Reine songeait avec satisfaction à l'agréable surprise qu'allait éprouver le Roi en se retrouvant plus tôt qu'il ne l'espérait au sein d'une partie de sa famille.

Déjà depuis quelques moments l'horloge avait sonné sept heures, et aucun indice ne signalait encore la prochaine arrivée de l'auguste voyageur. Lui était-il arrivé quelque accident avant ou après son débarquement à Calais? Qui pouvait causer ce retard? Pendant que le petit cercle de la Reine se livrait aux conjectures, survint une estafette qui dissipa toutes les appréhensions. Ce courrier était porteur d'une lettre adressée à la Reine au château d'Eu. Elle fut remise sur-le-champ à S. M., qui reçut ainsi l'heureuse assurance que tout allait bien, que le Roi avait débarqué à Calais à deux heures et demie, et qu'il ne resterait en route que le temps indispensable, afin d'arriver le plus tôt possible au milieu des siens.

Près de trois heures néanmoins s'écoulèrent avant l'arrivée des carrosses qui amenaient le Roi et sa suite. Enfin, le fouet des postillons et le galop retentissant des chevaux mirent un terme à l'impatience bien naturelle de la Reine. La première voiture contenait le Roi. S. M. paraissait en très-bonne santé et ne se ressentir que très-peu des fatigues du voyage. La Reine était descendue sur le perron au-devant de son époux et de son fils. Toutes les fenêtres de l'hôtel brillaient de lumières au milieu de la nuit, et des torches allumées éclairaient le péristyle devant lequel le Roi descendit de voiture et se jeta dans les bras de la Reine. Qu'on juge de la joie de cette auguste famille, dont tous les membres sont si unis entre eux, de se trouver rassemblés presque inopinément après tant d'émotions diverses! On soupa gaiement, et peu d'heures après le Roi, la Reine, la princesse Adélaïde et le duc de Montpensier étaient de retour au château d'Eu, où ils s'étaient séparés huit jours auparavant pour effectuer cette mémorable visite au château de Windsor, qui occupera une page importante dans l'histoire du règne de Louis-Philippe.

ITINÉRAIRE

DU VOYAGE DU ROI.

En résumé, Louis-Philippe a été absent de son royaume pendant huit jours moins quelques heures. Parti de Tréport le 7 octobre, à six heures et demie du soir, il est rentré à Calais le 15 du même mois, à deux heures et demie.

Dans cet intervalle le Roi a parcouru les distances suivantes :

Le 7, d'Eu à Tréport, trois kilomètres dans sa voiture en une demi-heure.

Du 7 au 8, de Tréport à Portsmouth, à bord du *Gomer*, deux cents kilomètres ou cent vingt-trois milles anglais en douze heures dans la rade, mais en seize heures jusqu'au moment du débarquement.

Le 8, de Gosport à Farnborough par le chemin de fer, quatre-vingt dix-huit kilomètres ou cinquante-six milles en une heure quarante-six minutes.

Le même jour, de Farnborough à Windsor, quarante kilomètres ou vingt-six milles, dans les voitures de la Reine, en une heure quarante-cinq minutes.

Le 10, de Windsor à Twickenham, Hampton-Court, Claremont-House, soixante-douze kilomètres ou quarante milles, dans les voitures de la Reine, promenade de plusieurs heures.

Le 12, de Windsor à Éton, dix kilomètres ou six milles environ.

Le 14, de Windsor à Farnborough, dans les voitures de la Reine, quarante kilomètres ou vingt-six milles en une heure quarante minutes.

Le même jour, de Farnborough à Gosport par le chemin de fer, quatre-vingt-dix-huit kilomètres ou cinquante-six milles en une heure quarante-cinq minutes.

Le même jour, de Gosport à Vauxhall par le chemin de fer, cent vingt-huit kilomètres ou quatre-vingt-huit milles en deux heures vingt minutes.

De Vauxhall à Newcross, cinq kilomètres ou trois milles, dans les voitures de la cour, en trente minutes.

Du 14 au 15, de Newcross à Douvres, cent trente-six kilomètres ou quatre-vingt-douze milles, par le chemin de fer, en deux heures quinze minutes.

Le 15, de Douvres à Calais, à bord du bâtiment à vapeur *le Nord*, trente-deux kilomètres ou vingt-trois milles en trois heures et demie.

Le même jour, de Calais à Boulogne en poste, quarante kilomètres; de Boulogne à Bernay, soixante kilomètres, et de Bernay à Eu, trente kilomètres.

Ces distances, qui ne sont qu'approximatives pour éviter les fractions, peuvent être suivies sur la carte qui termine cette narration.

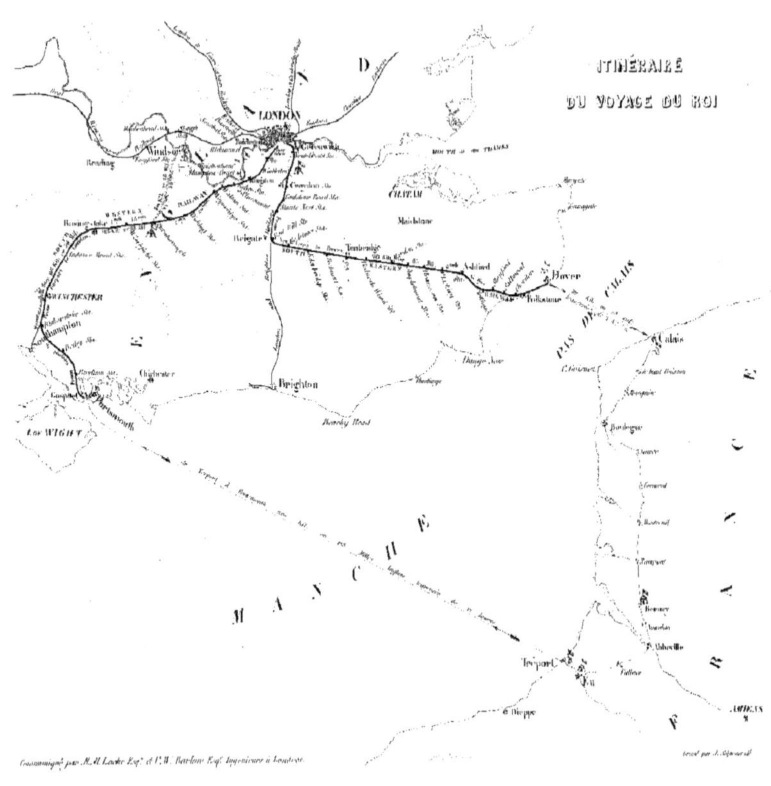

FIN DU VOYAGE DU ROI.

TABLE

DU

VOYAGE DU ROI A WINDSOR.

LISTE PROVISOIRE DES PREMIERS SOUSCRIPTEURS

QUI SUR LA SIMPLE APPARITION DU PROSPECTUS

ONT ENCOURAGÉ L'AUTEUR-ÉDITEUR DANS SON ENTREPRISE EN S'ENGAGEANT A PRENDRE UN OU PLUSIEURS
EXEMPLAIRES DE SON OUVRAGE AU MOMENT OU IL SERAIT PUBLIÉ.

S. M. le Roi des Français.
S. A. R. le comte de Paris,
S. A. R. le duc de Nemours.
S. A. R. le duc de Montpensier.
S. A. R. madame Adélaïde d'Orléans.

S. M. la Reine d'Angleterre.
S. A. R. le prince Albert.
S. A. R. la duchesse de Kent.

M. le duc de Dalmatie, président du conseil.
M. Guizot, ministre des affaires étrangères.
M. l'amiral de Mackau, ministre de la marine.
Le Ministère de l'intérieur.
M. Cunin Gridaine, ministre du commerce.
M. Martin (du Nord), ministre de la justice.
M. le comte de Salvandy, ministre de l'instruction publique.
M. le comte de Montalivet, intendant-général de la liste civile.

M. le comte de Saint-Aulaire, ambassadeur de France en Angleterre.
La Bibliothèque de la Préfecture de la Seine.
M. le lieutenant-général vicomte de Cavaignac, pair de France.
M. le comte de Cornudet, député.
M. de Comtencin, secrétaire-général de la Préfecture du Nord.
Lord Cowley, ambassadeur d'Angleterre à Paris.
M. le marquis de Dampierre, pair de France.
M. le vicomte Daru, député.
Lord Delawarr, grand-chambellan de S. M. B.
M. le duc Decazes, grand-référendaire de la Chambre des Pairs.
M. F. Delessert, député.
M. G. Delessert, préfet de police.
M. le lieutenant-général baron Doguereau, député.
M. Gardy de La Chapelle, propriétaire.

M. Génie, chef du cabinet du ministre des affaires étrangères.
Madame Hamilton, propriétaire.
M. Harlé, député.
Le révérend docteur Hawtrey, chef des études du Collège d'Eton.
Le révérend F. Hodgson (provost), principal du Collège d'Eton.
M. Hunter, alderman et sheriff de la Cité.
M. le lieutenant-général Jacqueminot, command. de la garde nat. de Paris.
M. le comte de Jarnac, premier secrétaire d'ambassade à Londres.
M. de Jonquoy, propriétaire au château de Mondeville, près Caen.
M. Laurent de Jussieu, secrétaire-général du département de la Seine.
M. Lawrence (William), alderman de la Cité.
M. Legros Devot, maire de Calais.
M. Leboque, négociant, à Boulogne-sur-Mer et à Londres.
Madame la maréchale comtesse de Lobau.
M. Ed. Maude, négociant à Londres.
M. Moquart, secrétaire de la Société des amis des Arts à Reims.
M. de Mentque, sous-préfet à Boulogne-sur-Mer.
M. Moon, alderman de la Cité.
M. le comte de Mornay, député.
Le révérend B. Okes, maître au Collège d'Eton.
M. Parrant (Félix), préfet de la Mayenne.
M. le duc Pasquier, chancelier, président de la Chambre des Pairs.
M. le lieutenant-général Pelet, directeur du dépôt des cartes du ministère
  de la guerre.
M. Plon, imprimeur.
M. le baron de Poilly, propriétaire à Folembray (Aisne).
M. le comte de Rambuteau, préfet de la Seine.
M. le lieutenant-colonel Rice Jones, ingénieur, commandant à Douvres.
M. l'amiral Roussin, pair de France.
M. le général Saint-Simon, pair de France.
M. le maréchal Sébastiani, député.
M. Sidney, alderman et sheriff de la Cité.
M. Tardieu, avocat.
M. Villemain, pair de France, secrétaire perpétuel de l'Académie.
Le révérend J. Wilder, maître-ès-arts, associé du Collège d'Eton.

www.ingramcontent.com/pod-product-compliance
Lightning Source LLC
LaVergne TN
LVHW021837170726
843503LV00003B/967